NINGUÉM SE IMPORTA

ATÉ SABER O QUANTO VOCÊ SE IMPORTA

Ninguém se importa – até saber o quanto você se importa

Copyright © 2024 by Júlio Volpp

1ª edição: Novembro 2024

Direitos reservados desta edição: Citadel Editorial SA

Autor:
Júlio Volpp

Preparação de texto:
Magno Paganelli

Revisão:
Debora Capella
Rebeca Michelotti

Projeto gráfico:
Vitor Donofrio (Paladra Editorial)

Capa:
Dimitry Uziel

Impressão:
Plena Print

DADOS INTERNACIONAIS DE CATALOGAÇÃO NA PUBLICAÇÃO (CIP)

Volpp, Júlio
Ninguém se importa : até saber o quanto você se importa /
Júlio Volpp. — Porto Alegre : Citadel, 2024.
176 p.

Bibliografia
ISBN 978-65-5047-545-1

1. Autoajuda 2. Desenvolvimento profissional I. Título

24-5112 CDD 158.1

Angélica Ilacqua – Bibliotecária – CRB-8/7057

Produção editorial e distribuição:

CITADEL Grupo Editorial

contato@citadel.com.br
www.citadel.com.br

JÚLIO VOLPP

NINGUÉM SE IMPORTA

ATÉ SABER O QUANTO VOCÊ SE IMPORTA

CITADEL
Grupo Editorial
2024

"Existe um intervalo entre o estímulo e a resposta. Nesse intervalo está nosso poder de escolha para nossa resposta. Em nossa resposta estão nosso crescimento e nossa liberdade."

— Viktor Frankl

Sumário

Prefácio

"O negócio dos negócios são os negócios", disse Milton Friedamn. Eu prefiro a frase de Herb Kelleher: "O negócio dos negócios são as pessoas". E depois de ler este livro, você também vai acreditar nisso.

Ao longo dos anos, com minha experiência e escrevendo *The Job is Easy, People Are Not* ou *O trabalho é fácil, as pessoas não*, aprendi que o maior desafio da liderança não é a estratégia ou a visão, mas sim as pessoas. O livro do Júlio Volpp, *Ninguém se importa – até saber o quanto você se importa*, reflete essa ideia, mas com uma nova perspectiva sobre o que faz um líder ser realmente eficaz.

A jornada de Júlio para se tornar um líder, assim como a minha, é sobre autoconhecimento profundo e a construção de relacionamentos fortes e de confiança. Sua reflexão sobre os aspectos emocionais e relacionais da liderança ressoa com muitos dos conceitos que explorei em meu livro – maturidade emocional, validação, adaptabilidade e a importância de ouvir.

Júlio e eu concordamos que liderança não se trata de autoridade ou poder, mas sim de conexões humanas e confiança. Sua abordagem destaca o equilíbrio entre autoconsciência e compreensão cultural, a influência de mentalidades e crenças e o poder da comunicação. Essas são ideias essenciais para qualquer líder que quer inspirar, e não apenas gerenciar suas equipes.

Este livro enfatiza que a liderança eficaz começa com a autoconsciência, pois nossos líderes devem constantemente identificar seus pontos fortes, fracos e o impacto que têm sobre os outros. Na sua essência, a liderança é sobre conexões interpessoais e, sem confiança mútua, não há liderança eficaz. Nossas mentalidades e crenças arraigadas influenciam a liderança, e cabe a nós nos adaptarmos para melhor envolver nossas equipes e incentivar a inovação.

Lendo o trabalho de Júlio, encontrei um complemento para minhas próprias explorações sobre "smart skills". Embora eu foque habilidades práticas para navegar pelas complexidades do trabalho com pessoas, Júlio traz uma visão mais ampla, guiando-nos pelas mentalidades e estruturas necessárias para liderar com empatia e eficácia.

Num mundo onde a liderança é muitas vezes vista como uma equação de resultados e eficiência, o livro de Júlio nos lembra que no coração de cada líder de sucesso está a capacidade de compreender e conectar-se com as pessoas. Seu trabalho serve como um lembrete oportuno de que, não importa o quanto automatizemos, inovemos ou criemos estratégias, a liderança continua a ser um empreendimento profundamente humano.

Enquanto continuo minha jornada para entender o que significa liderar, a estrutura aqui apresentada por Júlio tem sido um guia valioso, ajudando-me – e, tenho certeza, a muitos de vocês – a refletir sobre o que é necessário não apenas para liderar os outros, mas também para nos tornarmos melhores pessoas ao longo do caminho.

Loredana Padurean
Professora associada da Northeastern University em Boston, EUA

Como tudo começou

Quando olho para trás e percebo que já se passaram quase 25 anos da minha trajetória profissional, eu vejo que já tenho nesse horizonte um conjunto de aprendizados importantes que poderiam ser compartilhados com mais pessoas, como uma forma de gratidão a todos aqueles e aquelas que viveram comigo tais experiências, mas também como uma forma de inspiração para novos líderes enfrentarem seus desafios no dia a dia, sem se sentirem incapazes ou impotentes, como muitas vezes eu me senti.

Por mais que entendamos a liderança como uma aptidão inata ou tendência ao protagonismo, também desenvolvemos essa habilidade no decorrer da trajetória, o que pode causar um sentimento de dúvida ou incerteza. E em um mundo de ansiedades e depressões, onde o foco nunca é o agora, mas o que passou ou o que virá, agravamos esses sentimentos com certa intolerância pessoal, como se fôssemos máquinas que tivessem um manual ou um modo correto de operar, deixando as coisas um pouco mais difíceis.

Sim, eu construí uma trajetória de muito sucesso e conquistas, culminando na liderança de um time com mais de 63 mil pessoas depois de um momento muito crítico da organização. E conseguimos reconstruir o sentimento de pertencimento, aumentar o engajamento do time e produzir resultados extraordinários, em volumes e proporções até então nunca realizados. Sei que, como líder, uma das principais preocupações, se não a maior, diz respeito justamente à superação de metas e objetivos. Mas muitos líderes falham nessa tarefa por não levarem em consideração princípios importantes da liderança e por começarem por todos os lados, menos pelo começo.

A aptidão para a liderança, somada à história pessoal, ao processo de desenvolvimento de competências e habilidades, é o que nos coloca de maneira mais eficiente no caminho dos resultados extraordinários. Mas como isso envolve elementos pessoais e subjetivos, esse caminho acaba sendo exclusivo e individual. Compartilhar a trajetória que percorri pode ajudar você a identificar similaridades, mas também serve para avaliar eventuais *gaps* e, com isso, corrigir ou acelerar rotas em direção ao objetivo tão desejado.

Vamos lá, então!

Desde criança, eu sentia ter tal afinidade com a liderança. Mais do que afinidade, eu sentia uma predisposição. Nas primeiras experiências em grupo, nas primeiras trocas sociais, eu já sentia que poderia ser mais do que um participante nesses grupos. Acho interessante relembrar essas histórias tão infantis, mas que carregam tanto significado e que se conectam a tantas outras histórias que vivi nesses quase 25 anos.

Os primeiros ensaios

Minha primeira experiência mais concreta de liderança foi logo antes dos dez anos de idade, quando me vi coordenando um grupo de crianças que atuavam nas celebrações religiosas da igreja em minha cidade natal, no interior do Paraná. Um grupo de cerca de vinte meninos, muitos dos quais mais velhos do que eu. Eu fazia as escalas de atuação, treinava os novatos, recebia as orientações dos religiosos e repassava ao grupo. Também cabia a mim corrigir algum procedimento inadequado do grupo.

Esse conjunto de atividades se assemelha à gestão e à liderança, assunto que trataremos de elucidar nas próximas páginas. Ainda que eu não tivesse sido eleito ou mesmo formalmente nomeado para esse papel, todo o ecossistema envolvido assim me reconhecia, e eu sentia intimidade com o exercício dessas atividades. Parecia algo tão natural para mim, assim como pareceu ao longo de boa parte da trajetória de liderança profissional.

Anos mais tarde, no final do ginásio, por volta da sétima ou oitava série, eu estava disputando uma eleição para a presidência do grêmio estudantil da escola. Aliás, essa é uma história interessante ao longo dessa jornada que busco retratar aqui, pois ela também tangencia a relação entre liderança e frustração, um campo do qual muitas vezes os que escrevem sobre o tema querem fugir, vendendo um estereótipo de líder invencível, feliz e pleno para sempre, como se a condição humana nos permitisse tamanho devaneio.

Trouxe à tona o fato da eleição para presidente do grêmio por sua peculiaridade. Em todos os anos anteriores, eu era o "representante da sala", o aluno que fazia as intervenções com os professores e com a coordenação e direção da escola, e foi justamente numa dessas interlocuções que surgiu a hipótese de que eu me candidatasse à presidência do grêmio recém-formado. Parecia natural à diretora que eu fosse o primeiro presidente do grêmio estudantil.

Foi um mês de campanha eleitoral. Lembro-me da logomarca, do jingle, enfim, do processo como um todo, mas eu perdi aquela eleição, e o ponto interessante é que a minha derrota aconteceu por representar para os alunos alguns estereótipos cujo contexto e significado depois eu entenderia melhor. Aquela derrota me deu um grande aprendizado, não apenas sob a ótica de lidar com a decepção ou a perda – isso também –, mas, sobretudo, por me ensinar a lidar comigo mesmo, com o que represento para mim, para os outros e como isso afetaria a minha trajetória e a minha existência.

Depois dessas experiências na infância e na adolescência, houve algumas outras quando jovem, na época de seminário e da faculdade. Pois é, aos treze anos de idade, decidi dedicar a minha vida à vocação sacerdotal. Como venho de uma família muito católica, sob forte influência de minha mãe e minha irmã mais velha, decidi deixar o convívio familiar ainda muito cedo e me dedicar a uma carreira religiosa. Ingressei em um seminário pequeno, em minha própria cidade natal, o que tornou essa transição mais possível naquele momento. Eu conseguia visitar minha família todos os finais de semana, o que me proporcionava certa segurança e tranquilidade.

Também no ambiente do seminário, uma aptidão ou iniciativa me fazia tomar à frente nas questões mais diversas, e, quando eu não as tomava, era compelido pelos outros a fazê-lo. Aqui temos mais um daqueles pontos aos quais vou me dedicar ao longo destas páginas e tangenciar um pouco a relação entre autoridade, poder e liderança. Ao longo dessa experiência acumulada percebi que, além da aptidão, a liderança de fato vem de uma outorga.

Outorga pode parecer um termo muito complexo ou difícil, mas a ideia que ele representa é muito simples e de fácil entendimento. A liderança autêntica precisa ser outorgada a você por quem você lidera. A liderança lhe é concedida. Essa outorga consiste em seus liderados o reconhecerem como seu líder, independentemente de haver ou não uma função hierárquica que formalize isso. É até comum encontrar pessoas com tais funções dentro de uma hierarquia, mas não possuem a outorga da liderança, não são reconhecidas como tal. E o inverso também é verdadeiro: pessoas que mesmo sem uma posição formalizada exercem um papel de liderança, em virtude da forma como o próprio grupo as coloca em evidência e as torna as referências.

Quando vemos esse tipo de situação, pensamos "parece que falta algo" ou então "tem algo a mais aí", a depender de cada situação. A liderança e a autoridade caminham juntas, uma endossa a outra, uma fortalece a outra. Já nas situações de poder, nem sempre percebemos a liderança de fato.

No mundo corporativo

Os anos passaram, eu saí do seminário, voltei para a minha cidade natal e surgiu a possibilidade de realizar um concurso público para trabalhar em um grande banco. Aí começou, de fato, a minha jornada profissional, e o trabalho em uma organização de proporção nacional é um terreno fértil para que as competências relacionadas à liderança floresçam.

O início da minha jornada no banco foi bastante diferente de tudo aquilo que eu já tinha vivido até então. O mundo corporativo é diferente, o mundo público também tem suas peculiaridades, e eu comecei a desbravar essas novas searas. Iniciei meu trabalho em uma cidade distante cerca de cem quilômetros de casa, mas isso já não era um problema, pois, ao longo dos sete anos no seminário, eu já tinha me mudado de cidade duas vezes, e já estava com vinte anos de idade, o que parecia ser o momento ideal para esse tipo de transição.

Logo no início da caminhada, nem sequer tinha completado um ano de empresa e, com pouco mais de 21 anos, já desempenhava meu primeiro papel formal de gestão. O fato de avançar no seminário me apresentou o mundo da organização e da hierarquia, elementos característicos da cultura eclesiástica e que foram uma base muito importante na adaptação ao ambiente corporativo.

As grandes empresas em geral têm suas culturas marcadas por organização e hierarquia, ainda mais estatais. Me lembro como se fosse hoje do dia em que descobri a existência dessa vaga de supervisor em uma agência do interior do estado de São Paulo, e estava vivendo no interior do estado do Paraná. Como não me via apto ao trabalho administrativo e técnico, logo pensei que essa poderia ser uma boa chance de mudança.

Naquele momento eu sequer imaginava como as coisas de fato fluíam na organização; estava apenas começando a minha vida profissional, e esse ímpeto de protagonismo e determinação que sempre marcou meu perfil me fez entender que aquele lugar era perfeito para mim. Detalhe importante é que até então eu era apenas parte de uma agência com oito ou nove pessoas, numa cidade muito pequena, e um conhecimento muito incipiente de tudo o que acontecia no banco: processos, produtos, estruturas e estratégias. Interessante também é perceber como, ao longo desses quase 25 anos, eu vi essa história se repetir em tantos lugares e com tantos profissionais.

Essa história tinha tudo para ser um caso de frustração, uma inscrição recusada, um sonho não concretizado, uma oportunidade perdida. Mas, naquele momento, encontrei pelo caminho pessoas que valorizaram a minha audácia e atitude, e apostaram suas fichas em me conhecer. Eu tinha o espaço e o tempo, poderia causar boa impressão e conquistar aquela posição. Tive uns três dias para estudar um pouco e me aprofundar de forma a viajar para aquela cidade e participar de uma entrevista de promoção. A posição tinha um segmento de atuação definido, um grupo de pessoas sob gestão e um histórico de resultados consistente, tudo novo para mim. Foi uma grande aposta, minha e de quem me escolheu naquele momento, e inaugurou minha carreira de liderança e gestão no banco.

Comecei definindo minha atuação como gestão, dentro de uma perspectiva de jornada. Ao longo desses anos todos, me parece fazer sentido ter construído essa trajetória na linha do tempo e dos movimentos que empreendi. Esses movimentos não foram isolados, estão interligados e, por isso, a representação como uma jornada me parece fazer mais sentido ao descrevê-la. Naquele momento, percebia as habilidades e competências que sustentariam minha liderança nos anos futuros, mas eu ainda estava delineando como essas habilidades e competências se desenvolveriam.

Era 2001 e eu era responsável por uma linha de negócios bastante específica dentro de uma agência bancária bem maior do que a em que entrei. Tinha um grupo de seis pessoas que se reportava a mim. É curioso que, além de ser recém-chegado, eu era o mais jovem do time. Outros profissionais ali tinham de casa o que eu tinha de vida, e essa não foi a única ocasião em que isso aconteceu. Não foram poucas as vezes que eu me deparei com essa contingência. Contudo, isso nunca foi um problema para mim. Eu soube como lidar com a diversidade geracional nas equipes por onde passei e enfrentava tranquilamente os eventuais desafios com pessoas que não sabiam lidar com um chefe muito mais novo, entre outras divergências.

Como ao longo da trajetória eu tive que lidar com certo preconceito, fosse em função das diferenças de idade ou da minha orientação sexual, carreguei como premissa não proporcionar a ninguém as experiências às quais eu era submetido em função dessas atitudes. Desde essa primeira experiência, sempre coloquei à frente valores muito claros, trazidos de casa, que minha mãe muito insistiu que eu aprendesse.

Protagonismo

Aquele primeiro ano como supervisor foi fundamental para moldar o que se tornaria meu modelo de gestão e liderança. Desde aquele momento esse modelo foi baseado nas pessoas e, a partir delas, nos processos e resultados. A base sólida de valores a que me referi, sobretudo o respeito, vinha da formação humana e do período de seminário e me ajudou significativamente desde o início.

Com o passar do tempo, fui protagonizando momentos de assunção de novas e maiores responsabilidades em times cada vez mais numerosos, e construindo com eles histórias de vitória, superação e conquista. Minha trajetória profissional, enquanto cercada por pessoas de bem, de valores e caráter, foi se multiplicando, crescendo e tomando proporções das quais muitas vezes eu mesmo não me dava conta.

Recordo-me de outro ponto relevante. Ao mesmo tempo que protagonizei cada passo de minha carreira, a dúvida e o ímpeto sempre estiveram presentes me fazendo sentir vivo, mas também me inspiraram e me qualificaram.

Depois do primeiro passo "no escuro", os próximos passos foram muito bem preparados e estruturados, tanto em termos de conhecimento e habilidade como em termos de atitude e competência.

Daquela experiência, fui trilhando minha carreira, passando por todos os degraus convencionais, algo ordinário em uma empresa como a em que eu atuo; porém, sem nada de convencionalidade, sempre de maneira pioneira e extraordinária, sabendo reconhecer as oportunidades e estando um passo à frente delas, para estar pronto à medida que elas se apresentavam. Eu nunca fui de esperar a oportunidade aparecer para me preparar para ela; sempre me dediquei muito ao aprendizado e à execução como forma de preparação mais certeira para uma trajetória ascendente contínua.

Meu universo de atuação se ampliou, e minha atuação caminhou junto. Comecei a ocupar espaços que nunca tinha imaginado e a desempenhar papéis que no começo não ousaria intencionar. Mas a sólida preparação a que me referi foi me conduzindo a esses novos estágios. De supervisor a gerente, de gerente a gerente-geral, depois regional, superintendente, diretor, vice-presidente e diretor-presidente.

De fato, quando olho essa jornada, tenho muito orgulho de tudo o que construí e de cada pessoa com quem me relacionei e que me ajudou a alcançar tantos sonhos e conquistas. Em cada posição que ocupei, minha estratégia era clara: consolidar a posição, conquistar resultados extraordinários e implementar melhorias significativas que me preparassem para o próximo passo. Eu sempre chegava a um cargo com a clareza da necessidade de consolidá-lo em um tempo justo – não era uma corrida contra o tempo, mas também não era um tempo indefinido e incerto. E também tinha a clareza da necessidade de criar as bases para o próximo passo e, para isso, eu sabia que precisaria de grandes resultados e destaque.

Não é simples nem trivial manter uma carreira de altos resultados e de forte protagonismo. Uma empresa grande geralmente tem desafios proporcionais, sejam eles estruturais ou estratégicos.

Em 2003, como gerente de atendimento no interior de São Paulo, vivíamos um grande desafio naquela área. Cidade média com cerca de 150 mil habitantes e uma única agência do banco, o que gerava uma demanda exorbitante de pessoas num tempo em que não tínhamos aplicativos nem celulares para transações bancárias. Já estavam disponíveis o *internet banking* e caixas eletrônicos, mas o perfil dos nossos clientes fazia com que a imensa maioria preferisse o atendimento presencial.

Fui convidado pelo meu regional a desenvolver uma nova forma de atendimento, baseada numa experiência de outra região e que consistia no agendamento de hora para o atendimento dos clientes nos diversos serviços disponíveis; não era uma obrigatoriedade, mas uma possibilidade. Os clientes poderiam fazer agendamento até por telefone, o que tornaria o processo mais propenso à aceitação naquele momento.

Organizamos os processos da agência, separamos equipes para o atendimento, e os clientes passaram a optar pelo agendamento. Com isso, em muito pouco tempo tínhamos a maioria absoluta de clientes sendo atendidos de maneira mais eficiente. Isso me permitiu administrar a força de trabalho, melhorar a qualidade de atendimento e a satisfação dos clientes, incrementar a realização de negócios e os índices de resultado e *cross-selling*.

Em poucos meses fomos capa de *O Estado de S. Paulo* e passamos a receber gestores de todo o Brasil para conhecer nosso modelo de atendimento. Por fim, fomos à matriz do banco com o objetivo de disseminar o modelo de maneira mais sistêmica.

Anos depois e alguns degraus à frente, me deparei com um desafio relacionado à inexistência de um modelo de relacionamento para clientes com características de segmento *private*, aqueles que possuem valores expressivos em investimentos. Atuando na capital de São Paulo, quando os grandes concorrentes especializavam sua atuação nesse segmento com marcas próprias, muitos clientes optavam por manter seu relacionamento com o banco, em função dos atributos solidez e segurança. Mas eles exigiam um modelo de atendimento e relacionamento que lhes fosse satisfatório. Em uma janela de oportunidade, protagonizei a criação e o desenvolvimento do que se tornaria o segmento *private* do banco, firmando posicionamento até então não explorado.

Esses dois exemplos, dentre tantos que acumulei na minha trajetória, retratam o quanto o protagonismo caminha lado a lado com a liderança. Para que ela seja outorgada em patamares cada vez maiores, é necessária a realização de ações de destaque, que promovam a marca própria do líder, que sirvam de embaixadores do seu potencial estratégico e humano.

Liderança estratégica e resultados

Novos passos foram dados e, como relatei, percebi a necessidade de desenvolvimento pessoal. Como sempre fui estudioso, empreendi movimentos acadêmicos buscando compreender melhor a relação entre a teoria e a prática, e saber como os conhecimentos poderiam ajudar em meus desafios do cotidiano. Em minha pesquisa de doutorado, na disciplina de Estratégia, fui apresentado ao conceito de "liderança estratégica", segundo Sidney Finkelstein, Donald Hambrick e Albert Canella Jr.

A liderança estratégica é um conjunto que conecta dois importantes conceitos empresariais: pessoas e resultados. Trata-se de como executivos, líderes que são, conseguem compartilhar visão, engajar o time e obter resultados extraordinários. Essa minha referência foca o que chamamos em inglês de *top management team* – time de alta gestão –, termo que geralmente se aplica à camada de mais alta administração, o *C-level* – nível de executivos-chefes. Contudo, em minha pesquisa de doutorado, identificamos que essa realidade também se aplica à gerência média e àqueles que têm certa autonomia, como as agências bancárias, que se tornou o meu caso.

Quando falamos de potencial humano para realização de resultados extraordinários por meio da liderança estratégica, não há exemplo maior para um líder que engajar sua equipe em seu propósito. Vivi essa experiência em sua plenitude no meu último ciclo como executivo do banco. Minha experiência como vice-presidente da rede de distribuição de varejo foi sem dúvida o capítulo mais vibrante da minha história profissional. Depois de viver um dos momentos críticos e tensos durante um período de gestão muito turbulento, com forte assédio e clima péssimo, coube a mim a missão de resgatar a credibilidade e a confiança da maior equipe na instituição.

Fui convidado a liderar 63 mil pessoas nessa ocasião, espalhadas por todos os estados brasileiros em mais de 4,3 mil unidades. Como o período anterior tinha sido bem complexo em função do cenário exposto, cabia a mim o desafio de ajudar as pessoas a reencontrarem a conexão com a instituição e com sua missão. Esse ponto foi fundamental. Se tivesse ido direto ao ponto e não me dedicado a essa reconexão, certamente eu não teria colhido tanto sucesso junto a esse time tão valoroso.

Aprendi, ao lado de tantas equipes, que as pessoas se conectam ao significado do trabalho, projeto ou propósito. Depois de uma grande perda ou um grande problema, é crucial que quem esteja na liderança tenha sensibilidade de dar o primeiro passo. E esse passo envolve justamente pessoas: avaliar a capacidade de cada membro do time em exercer seu papel, oferecer suplementação de habilidades, se necessário, e reforçar – ou muitas vezes refundar – a missão, que é como se começa um trabalho dessa magnitude.

O que vi ao longo dos meses seguintes foi o crescimento do engajamento dos times e o atingimento de números incríveis. As entregas de resultados superaram recordes seguidos de recordes, deixando os parâmetros completamente desconexos, o clima organizacional melhorou continuamente, a segurança psicológica encontrou espaço, e o sentimento de pertencimento e felicidade chegou e se instalou nos times.

Os resultados que conquistamos foram mesmo extraordinários e incríveis. Alcançamos 95% das unidades com metas entregues no fechamento de 2022, número nunca atingido antes, instalamos uma cultura de efetividade e regularidade que fez com que quase 20% dos times entregassem suas metas nos 12 meses de 2023, indicador que nunca tinha superado sequer 1%. Os indicadores econômico-financeiros, comuns ao mercado financeiro, cresceram entre 28% e 35%, numa comparação de doze meses. Os níveis de absenteísmo, assunto caro no segmento, foram reduzidos significativamente. Todo esse resultado foi consequência de um modelo de liderança claro e centrado nas pessoas, e dele derivou-se um modelo de gestão focado nos negócios e nos processos.

O livro

Como disse no início desta obra, depois de quase 25 anos de jornada, com atuação em diversas frentes de negócios, times de variados formatos e tamanhos, empresas de diferentes portes, conselhos de administração e de clientes e uma vida acadêmica repleta de pesquisa e aprendizado, chegou a hora de compartilhar meus ensaios sobre essa liderança estratégica.

Este livro, portanto, está organizado em capítulos que complementam esse conceito de liderança, mas também podem ser lidos e trabalhados isoladamente. Cada capítulo traz um passo dessa jornada da liderança estratégica, com exemplos e dicas que extraí da minha trajetória e da relação com milhares de pessoas que me cercaram.

Autoconhecimento, cultura, paradigmas e *mindsets*, inteligência emocional, comunicação e *storytelling*, gestão, pessoas, ambientes e resultados são alguns dos temas que abordo ao longo desses capítulos, buscando conectá-los com a liderança e o líder. Esses capítulos não são um fim em si, nem pretendem esgotar o assunto, tampouco se trata de uma pesquisa científica conduzida com rigor metodológico, o que por si não afasta a riqueza do conteúdo que passo a ofertar a você como sinal da gratidão por tudo que até aqui experimentei.

Que a minha experiência possa reforçar anseios em sua própria trajetória profissional em curso e, para os que aspiram a carreiras assim, que sirva de inspiração e lance luz para os seus próximos passos.

1.
Autoconhecimento

Depois de contar pontos marcantes de minha trajetória e apontar alguns caminhos que iremos percorrer, começo esta jornada falando da importância do autoconhecimento para o exercício da liderança. Isso parece óbvio na teoria, mas na prática, ou como costumo dizer, *no mundo real*, não é tão simples assim.

Todo ser humano em posição de liderança, outorgada ou não, necessita conhecer-se. Aliás, todo ser humano, líder ou não, necessita ter autoconhecimento. Essa questão vem desde Sócrates, na Antiguidade, com sua máxima "Conhece-te a ti mesmo". Mas, desde aqueles tempos, esse tem sido um desafio para todos os seres humanos, um desafio que sempre experimentamos e que seguirá existindo.

Por mais que nos conheçamos, nunca nos conheceremos totalmente. O inverso é mais provável: quanto mais nos conhecermos, mais saberemos que ainda temos muito a saber sobre nós; enquanto menos nos conhecermos, mais acharemos que sabemos tudo sobre nós.

Podemos passar a vida nos conhecendo, pois passamos a vida evoluindo, mudando, ganhando novos conhecimentos, novas habilidades. Ou a vida pode passar sem que estejamos comprometidos em uma jornada de saber conscientemente sobre nós.

O exercício genuíno, contínuo e constante da reflexão sobre si é algo fundamental para que a liderança seja cada vez mais próxima daquilo que deveria ser. Isso porque, no dia a dia das organizações e das equipes, interagimos com outras pessoas, e a força dessas interações extrapola os limites da individualidade, fazendo com que os diferentes se comuniquem. É dessa comunicação que nos transformamos.

Somos constantemente impactados pelas pessoas com quem nos comunicamos, e esse impacto tem o poder de nos aprimorar. Sendo assim, também é verdade que impactamos o outro (ou os outros) com quem nos relacionamos, com quem nos comunicamos. E esse impacto pode assumir proporções variadas.

É aqui que o autoconhecimento ganha relevância significativa, pois permite ao ser humano agir mais consciente do seu impacto nas outras pessoas, e, quando numa posição de liderança, o autoconhecimento aliado a certas habilidades, como relacionamento interpessoal, negociação, comunicação não violenta, empatia, entre outras, permite dosar o impacto que se causa no time. Isso favorece regular suas ações e identificar a forma, a intensidade e o tempo certo de agir. Assim, quanto mais nos conhecemos, melhor nos relacionamos e melhor exercemos a liderança.

Quero explorar um pouco mais esse ponto com exemplos da minha trajetória de liderança. Com quase 25 anos de carreira, tenho plena convicção de quanto o meu autoconhecimento evoluiu ao longo desse tempo. Confesso que não sei quantas pessoas entrevistei para posições de gestão. Foram milhares. Nessas entrevistas, encontrava e conhecia gente de todo o país, em diferentes momentos de vida e de carreira.

Muitas vezes, as entrevistas eram precedidas de atividades em grupo, lúdicas ou não, como forma de termos mais elementos avaliativos, que permitissem uma melhor escolha. Depois das entrevistas, os candidatos poderiam receber um *feedback* de sua participação.

Esse momento de *feedback*, além de muito rico, com dicas e informações importantes aos participantes, por vezes se tornava desafiador. Digo isso porque, em algumas ocasiões, o candidato tinha uma visão de si totalmente diferente daquela que expunha para a banca de avaliação. Em se tratando de *feedback*, isso pode acontecer não apenas em processos de seleção, mas em qualquer momento em que essa ferramenta tão importante de desenvolvimento humano for usada.

Claro que a percepção de uma banca de avaliação ou de um gestor sobre uma pessoa é apenas uma visão parcial e situacional do ser humano em sua totalidade; mas o exemplo em si clareia um pouco o quanto o autoconhecimento, ou a falta dele, pode tornar o processo mais fácil ou muito mais difícil.

Fora do exercício do processo seletivo, pensando no exercício da liderança, é responsabilidade do líder suportar e orientar o processo de desenvolvimento de seus liderados. Essa responsabilidade deve sempre "começar pelo começo", ou seja, pelo autoconhecimento. Quem não se conhece não sabe de onde parte nem para onde vai, e, nesses casos, qualquer caminho leva a qualquer lugar. Há uma famosa frase na obra *Alice no País das Maravilhas*, escrita por Lewis Carroll, que diz: "Para quem não sabe para onde vai, qualquer caminho serve".

Isto posto, podemos deduzir o quão importante para a liderança é o autoconhecimento, pois liderar é necessariamente relacionar-se. Um ponto ao qual chamo a atenção é que o autoconhecimento não é necessário apenas ao líder, mas a todos os membros da equipe. É por isso que recomendo que o líder patrocine uma experiência de autoconhecimento a todos os membros do seu time. Há várias formas de fazer isso, como contratar uma consultoria ou usar uma ferramenta de autodiagnóstico.

O importante é não liderar um grupo de pessoas com base no achismo, com base numa percepção individual e não comparável. Para isso, a minha recomendação é optar por uma metodologia que seja única para todo o time, construída com base nos mesmos parâmetros e, com isso, que ajude o líder e os membros a construírem relações mais sustentáveis. A depender do caminho de desenvolvimento que o time precise percorrer, existem diversos *assessments* que podem ajudar nesse processo.

Tenho convicção de que nem todos os líderes estão preparados para fazer esse movimento de maneira autônoma. Talvez, para os mais críticos, essa deveria ser uma condição para o exercício da gestão ou liderança, a prontidão. Mas, no mundo real, não é bem assim que as coisas acontecem. Muitos profissionais ascendem a posições de gestão e liderança por se destacarem em um ou outro elemento, ora por bons resultados, ora por um perfil mais semelhante ao de quem seleciona, ora por escolha pessoal, ora por motivações menos claras, mas que existem; talvez a gente apenas não as tenha conseguido capturar.

Quando alguém assume uma posição de liderança sem a prontidão necessária, o autoconhecimento é fundamental para ter consciência de que precisa de ajuda para lidar com os temas ou as áreas que não sejam de sua proficiência. Quando a situação está posta, o melhor a se fazer é assumir suas vulnerabilidades e buscar ajuda. Isso não é loucura, é sabedoria.

Desenvolver um projeto de autoconhecimento para o time é algo muito importante, mas também muito sério e desafiador. É preciso construir um ambiente de confiança. O time precisa estar convencido de que pode participar desse projeto com toda sua verdade, sem medos ou ressalvas. Para isso, os exemplos valem mais que mil palavras. Sem essa condição, o trabalho pode até acontecer, mas não trará resultados, muito menos comparáveis à plenitude que se poderia alcançar.

Esse tipo de trabalho requer preparo emocional e maturidade alta dos líderes, ou ainda, como já comentei, apoio profissional. O ideal é que o trabalho seja conduzido na menor esfera possível, pois isso facilita a criação e a percepção do ambiente de confiança. Trabalhos dessa grandeza em arenas muito grandes também não são produtivos. Mesmo as grandes organizações são estruturadas em células, áreas, unidades ou *squads*, o que torna possível realizar oficinas de autoconhecimento nesse nível da organização, com os líderes locais, que mais à frente denominarei *líderes de comunidade*.

Uma vez definidos um objetivo, uma metodologia e eventuais ferramentas, será necessário fazer escolhas. Afinal, a não ser que sua empresa seja focada no autodesenvolvimento humano, essa não será a prioridade número um, nem mesmo a atividade que tomará mais tempo das equipes em sua organização. Assim, a minha sugestão é escolher a simplicidade: cortar o tempo, o espaço e a lista de achados em níveis de prioridade e ir trabalhando de maneira estruturada em ciclos, a fim de ter resultados constantes e conseguir realizar esse projeto em sintonia com a dinâmica da vida real.

É melhor o simples bem-feito do que o complexo perfeito, porém nunca realizado.

Mas o autoconhecimento não se refere apenas a resolver coisas ou atacar prioridades. Até pode ser o motivo pelo qual se escolheu trilhar esse caminho, mas os achados sempre serão surpreendentes e apontarão outras direções. O autoconhecimento também nos ajuda a identificar vários elementos importantes que usamos muitas vezes de modo inconsciente no exercício da liderança e na vida. Trazer à luz da consciência a forma como somos e como impactamos o mundo é um dos mais nobres movimentos humanos, é a verdadeira evolução.

O autoconhecimento nos permite conhecer intencionalmente nossos valores, nossas referências, nossos padrões de comportamento, nossos paradigmas, nossas forças e fraquezas, enfim, a nós mesmos, numa perspectiva cada vez mais lúcida, ainda que sempre incompleta. Muitos desses elementos serão abordados no capítulo sobre cultura e liderança.

O processo de autoconhecimento nos insere na dinâmica do autodesenvolvimento. Esse é o próximo passo. Não investiremos em autoconhecimento à toa. Faremos isso porque temos um objetivo claro, que pode ser a melhoria das relações, a melhoria da performance, o desenvolvimento de novas competências e habilidades, o aparo de algumas arestas. Em termos de autodesenvolvimento, temos sempre alguns caminhos.

Aprendi com um grande líder que tive em minha formação que podemos escolher entre o longo caminho curto ou o curto caminho longo. Uma figura de linguagem atribuída ao querido povo mineiro que representa o esforço de fazer algo bem-feito na primeira vez, mesmo que isso exija mais esforço e empenho, leve mais tempo e, por isso, seja o longo caminho que ao final se torna curto, pois é resolutivo e efetivo. Ao contrário, o curto caminho longo é a opção pelo mais fácil, mais prático, mas que, na maioria das vezes, nos obriga a refazer o processo, começar de novo, corrigir, corrigir e corrigir, deixando mais longo o caminho que era curto.

Sempre trabalhei com o paradigma de Marcus Buckingham, em *Descubra seus pontos fortes*, de que é mais produtivo potencializar os pontos fortes de cada membro do time até a excelência do que pegar os pontos fracos e desenvolvê-los até o nível médio, medíocre. Não que isso não seja um ganho, mas o ganho é muito menor, é limitado, na verdade. Não conheço, em toda a minha jornada como líder e gestor, alguém que tenha desenvolvido um ponto fraco até a excelência, nem acho isso impossível, mas estou convencido de que a quantidade de recursos que deverão ser empregados nessa jornada produziria muito mais ganhos se fossem empregados em levar os pontos fortes à excelência.

Conhecer seus pontos fortes também é autoconhecimento. Saber quais são suas qualidades, onde você se diferencia das pessoas com quem se relaciona também é autoconhecimento. O grande ponto aqui é que a jornada do autoconhecimento não é um fim em si mesma. Ela é apenas o ponto de partida de um processo muito maior, que é o autodesenvolvimento.

Certa ocasião, em um dos times que liderei, criamos um grande projeto de autoconhecimento. Contratamos uma empresa que nos ajudou na trilha. Utilizamos uma ferramenta muito interessante que nos mostrou como nos víamos, como entendíamos a percepção do outro sobre nós e como gostaríamos de ser. Depois, de maneira voluntária, todos os membros da equipe ingressaram em uma dinâmica de grupo. Essa participação de todos foi construída com base na confiança. Sem isso não teria sido possível. Os membros da equipe precisam ter a confiança de que o conteúdo compartilhado será usado única e exclusivamente em favor do bem comum, e mesmo que haja algo que signifique um ponto de atenção individual, o assunto será tratado com respeito e justiça.

Sem dúvida, uma dinâmica como essa revela a maturidade da equipe e a confiança que tem em sua liderança. É preciso saber o momento certo de implementar. Não é na chegada, quando ninguém conhece o novo gestor. Essa relação de confiança é construída com o tempo, com base nas ações e atitudes que vão sendo demonstradas.

Minha sugestão final sobre esse tema: invista primeiro em um processo de autoconhecimento individual, enquanto líder. Depois disso, e quando for o momento certo, quando houver um clima de confiança e respeito, você poderá pensar em processos coletivos de autoconhecimento que contribuirão para a dinâmica de grupo, para o relacionamento interpessoal e para o clima organizacional como um todo.

2.
Relacionamentos humanos

Quer fazer algo novo e melhor? Quer engajar pessoas nesse propósito? A resposta é única: construa relacionamentos!

Depois de refletirmos sobre o papel do autoconhecimento como ferramenta de liderança, vamos expandir as fronteiras dessa reflexão do "eu" para o "nós'", e refletir sobre o quanto o relacionamento interpessoal tem relação e impacto sobre o exercício da liderança. Um dos pontos centrais do início do livro foi compreender que a liderança está fundamentada nas relações mútuas que estabelecemos, e que a liderança emerge na complexa teia dessas relações.

A vida humana é marcada por relacionamentos mesmo antes de sua estreia no mundo, no nascimento. Ainda no útero da mãe, o bebê se relaciona com sua progenitora em troca de alimento, espaço, enfim, de vida. E assim segue por toda a vida.

O tempo todo estamos nos relacionando com o ambiente, com as coisas que criamos enquanto espécie, mas principalmente com outros de nós. Essas relações entre humanos

nos moldam como membros da espécie humana, ainda mais quando assumimos determinados papéis. Isso mesmo: a liderança é apenas um dos tipos de papéis que podem ser moldados pelas relações.

Como nascemos sem muita referência da forma como devemos ser ou agir, iniciamos um processo que os filósofos antigos chamavam de *mimesis*, que significa cópia ou imitação. Começamos nossa trajetória copiando os comportamentos dos adultos com quem convivemos, e depois seguimos esse padrão por boa parte da vida. Em tudo que nos é novo, seguimos esse padrão de cópia, até que possamos estabelecer nossos próprios padrões de comportamento, nossas próprias escolhas, nossas próprias posições, nossas próprias premissas.

Esse movimento também influencia a forma como lideramos. Ao tempo que nos formamos como líderes e iniciamos nossa atividade, seja ela profissional ou em qualquer outro campo onde nossa liderança irá se manifestar, damos os primeiros passos imitando comportamentos, padrões de decisão, premissas etc. Quando nos emancipamos como líderes e passamos a seguir nossas próprias premissas e paradigmas, ainda assim, em momentos críticos, recorremos às nossas referências. Quantas vezes não nos perguntamos: como fulano agiria agora? Qual decisão ele ou ela tomaria?

Do mesmo modo como evoluímos enquanto indivíduos, evoluímos em nossas relações, uns mais outros menos, mas sempre estamos evoluindo. Alguns têm mais facilidade de estabelecer conexões, outros menos.

As relações pressupõem basicamente troca. Quando estamos nos relacionando com alguém, estamos trocando. A essas trocas, com o passar do tempo, vão se agregando valores, que distinguem os "bens" trocados, tornando alguns mais valiosos que outros.

O exercício da liderança é uma relação baseada na troca de confiança, à qual se dá um alto valor. A habilidade de se relacionar com outras pessoas, notadamente trocar confiança entre pessoas, é um dos traços mais significativos de um líder. De outra forma, pode haver uma relação de hierarquia, de chefia, mas não de genuína liderança. Essa última, como vimos anteriormente, enquanto outorgada pelos liderados, repousa na qualidade das relações interpessoais entre aqueles e aquelas que compõem a equipe.

Entendo ser importante e crucial retomar o tema da confiança a esta altura. A confiança é a base das relações verdadeiras e genuínas. A confiança, nas relações de liderança, é primordial. E ela está à prova o tempo todo. O time está a todo momento avaliando se a integridade de quem está na posição de liderança é genuína e legítima. É sobre essa integridade que se constrói a confiança. Ela pode começar como uma aposta, um *feeling*, mas precisa, em tempo muito curto, se apoiar em fatos que a endossem.

Confiança é uma relação que se estabelece ao longo do tempo, mas se perde num piscar de olhos. Assim mesmo, na liderança, é fundamental a autenticidade de quem está na condução da equipe, de forma a exalar essa virtude em suas palavras e ações. Caso contrário, ou caso a confiança seja "montada", ela ruirá na primeira oportunidade.

Quem está em posição de liderança deve entender esse ponto com extrema clareza: *confiança* é a palavra-chave nas relações. Cabe, portanto, ao líder, estimular relações saudáveis entre os membros do time, estimular um ambiente seguro e propício à troca de confiança entre os demais membros.

Atitudes sinceras e honestas que promovam o diálogo aberto entre os membros da equipe são apenas alguns exemplos de ações que o líder precisa estar interessado em promover. Mas isso não é suficiente. Além de promover ações afirmativas pró-ambiente de confiança, cabe ao líder combater todo tipo de ações que possam minar esse ambiente, como fofocas, mentiras, privilégios etc.

Esse tema é tão importante que voltaremos a ele em capítulo à frente, para discorrer apenas sobre as responsabilidades do líder em relação às características do ambiente que ele deve estimular nas organizações.

É certo que, devido à história de cada pessoa, algumas têm mais habilidade em se relacionar, outras menos. Várias são as causas dessa condição. *Bullying*, hábitos, cultura e valores são algumas delas. Mas quando o líder está comprometido em criar um ambiente de segurança, procura identificar o contexto de cada pessoa em sua equipe, de modo a compor seu rol de ações que permitam ao grupo evoluir em termos de troca de confiança. Mais uma vez, vemos a importância do elemento confiança como basilar das relações construídas na liderança.

Muitas vezes, o caminho para se construir relações mais concretas e verdadeiras passa pelo estímulo ao autoconhecimento. Retornar ao primeiro passo por vezes é a melhor forma de trilhar uma jornada mais efetiva. E o protagonismo não é do líder em si, mas de cada pessoa, incluindo quem lidera.

Cada um é protagonista de sua história, sem dúvida. Quem lidera pode – e deve – consolidar-se como aquele que orienta e induz o movimento, e cria o ambiente de segurança para que as pessoas, à medida que trilhem suas jornadas de autoconhecimento, encontrem espaço positivo e intensifiquem a troca de confiança.

Esse é o papel de quem lidera: estimular, orientar e induzir. Como já vimos, a confiança é uma relação que se constrói no tempo. Isso sinaliza que o trabalho do líder é de longo prazo, dependerá de movimentos planejados, pensados, feitos de maneira coordenada. Dependerá, também, de muita resiliência e paciência.

Isso requer tempo. E tempo é uma variável incerta nos relacionamentos, apesar de as medidas de tempo serem convenções humanas amplamente aceitas. Quando se trata do ser humano para dentro de si, elas perdem sua convencionalidade. O tempo que eu levo para me sentir seguro e trocar confiança é diferente do tempo que qualquer outro ser humano levaria para o mesmo objetivo.

Ao longo da minha jornada executiva, me deparei diversas vezes com pessoas que não entendiam essa relação. Esperava que os outros reagissem de acordo com o seu tempo. Esse tipo de postura gera problemas nas duas pontas. Gera ansiedade e desconforto, gera insegurança e impaciência, gera desconfiança. Ou seja, gera tudo, menos relações saudáveis e propícias ao engajamento e ao compartilhamento de objetivos.

Eu também encontrei pessoas que sabiam lidar muito bem com essa situação, e isso não significa ficar passivo ou ser tolerante demais, relevar eternamente o erro e ser cúmplice dele. Definitivamente não! Aqueles que encontrei em minha jornada e sabiam lidar adequadamente com essa relação entre o tempo de si e o tempo do outro também sabiam estabelecer bons acordos de performance, sabiam orientar de maneira adequada o "como", e não apenas soltavam o "quê" na esperança vã de que o outro tivesse com isso todos os elementos suficientes para chegar do outro lado.

Algumas atividades podem ser importantes para estabelecer um ambiente onde as pessoas se inspirem em relacionar-se umas com as outras. A depender da cultura organizacional, ações mais simples já repercutem efeito, como pequenas reuniões de integração, momentos de celebração, cursos e projetos em comum.

Há situações mais específicas nas quais o líder deve estabelecer um "programa" orientado a esse fim, elaborando um calendário de ações posicionadas que permitam ao grupo desenvolver o conhecimento mútuo e, com isso, a possibilidade de trocas mais simples, para em outro estágio se disporem a trocar confiança uns com os outros e estabelecer relacionamentos verdadeiros. Posso dizer que times grandes demandam ações muito bem estruturadas.

Em minha experiência executiva como vice-presidente de rede de varejo de um grande banco no Brasil, responsável por liderar 63 mil pessoas, percebia como momentos de integração e favorecimento do cultivo de novas relações era fundamental. Como vivemos há pouco tempo uma pandemia que mudou significativamente a forma como nos comportamos, o teletrabalho ou trabalho remoto se instaurou nas organizações e acentuou esse cenário.

O incentivo às relações se transformou em pauta recorrente na minha agenda. Tudo deveria ser motivo para incentivar a troca, a convivência, os relacionamentos. Desde as ações de promoção de saúde integral, as de treinamento e desenvolvimento, as de mobilização e engajamento; enfim, realmente tudo deveria ser uma oportunidade para que as trocas acontecessem. E isso precisava estar presente em meu discurso. Em todas as oportunidades que eu tinha, nas *lives* ou reuniões presenciais, nos e-mails e comunicações menos formais, eu me referia à importância de cultivarmos boas relações.

Algumas pessoas acham isso menos importante, outras acham coisa de quem trabalha com pessoas ou coisa de RH. Mas pergunto: o que é liderança, senão pessoas? Quem produz os resultados tão importantes que comemoramos em todo evento de reconhecimento, senão pessoas? Liderança envolve apenas pessoas, mas pessoas engajadas em uma visão que entregam resultados extraordinários, e fazem isso por estarem conectadas a uma liderança muito efetiva e estratégica.

Recentemente, em uma conferência internacional promovida pelo Massachusetts Institute of Technology, o MIT, tive um estalo que reforçou algo em que acredito e vivencio na prática enquanto líder. Quem já me ouviu em palestras, *podcasts* ou *lives* sabe que defendo o paradigma de uma nova liderança, e o nome deste livro não é um acaso. Quero compartilhar minha experiência e conhecimento sobre liderança, mas também quero plantar essa semente.

Precisamos nos distanciar da cultura de comando e controle, ou da gestão pela gestão, que tanto adoece pessoas no ambiente corporativo e tem deixado pessoas tão infelizes.

Esse paradigma da nova liderança é um manifesto. Ele pressupõe que o foco da nova liderança deve estar na construção de relacionamentos entre líder e potenciais seguidores, sendo esses os que percebem o que há de novo e melhor na visão proposta pelo líder, de tal modo que se engajem genuinamente na construção dessa visão.

A semente que apresento significa o anseio de relações profissionais mais humanas – porque somos humanos –, mais verdadeiras e que reflitam nossa essência, porque em troca dessa verdade surge a vontade de fazer, o compromisso, que é mais duradouro e eficaz do que qualquer planilha ou folha de acompanhamento de metas pendurada atrás da porta.

Mas só os líderes que percebem a força das relações são capazes e audaciosos a ponto de subverter o paradigma dominante. Como a rotatividade no mundo corporativo vem crescendo cada vez mais, é bem comum encontrarmos na liderança pessoas que não estejam preocupadas com relações humanas, principalmente aquelas que adentram um time sabendo que irão tirar dali o melhor substrato e, quando tiverem extraído literalmente o último sumo, sairão pela porta em busca da próxima oportunidade.

Líderes que estimulam boas relações criam bons ambientes, propícios a tantas conquistas, que vão desde bons números a bons índices de qualidade do ambiente de trabalho, a indicadores de sucesso em temas que a organização até então patinava. Contudo, esses mesmos líderes sabem que o trabalho é de médio e longo prazo. Eles sabem que esse trabalho consiste em plantar sem ter pressa de colher. Tem a ver com pessoas e suas relações.

Mais do que saber e orientar, cabe a tais líderes o exemplo; exemplo que começa pelo respeito, exemplo que materializa as palavras em ações, em atitudes. Fomentar boas relações significa ser bom em relacionar-se. Significa priorizar o nós em detrimento do eu. Significa saber que o caminho pode ser mais longo, mas que o ganho também será maior. É dedicar atenção plena, praticar escuta ativa e empatia.

Na construção de relações sólidas, essas três características – atenção plena, escuta ativa e empatia – sempre fizeram muita diferença para mim. Em uma de minhas aulas nas mentorias de liderança, dedico tempo especial a cada uma delas. Entendo que estão entre as habilidades mais requeridas dos líderes hoje em dia. Liderar times comerciais não é uma tarefa simples. Quanto maior o time, maior o desafio. Falo isso porque já liderei times de vendas com oito pessoas, mas também com 63 mil. Os times maiores são marcados pela liderança multinível, o que, a depender da cultura e do sistema de gestão do desempenho, pode ser bastante desafiador.

Ainda que minha experiência recente tenha sido marcada pela entrega de resultados acima da meta esperada em 95% das mais de 4,3 mil unidades, o trabalho de gestão do desempenho ao longo do ano foi muito criterioso e ajustado.

Meu time direto de gestão e eu tínhamos um cuidado muito grande com alguns elementos: que as pessoas soubessem o que deveria ser feito e como; que as pessoas soubessem por que deveria ser feito; e que a partir daí as pessoas tivessem compromisso e vontade de fazê-lo. Mas, para isso, elas precisavam ser vistas e se sentir reconhecidas, precisavam se sentir parte da relação, precisavam estabelecer uma relação próxima conosco, mesmo que tão distante fisicamente.

Durante os quase dezoito meses à frente desse time, nesse papel, fiz dezenas de viagens pelo país e me reuni por mais de 140 vezes para manter as relações ativas. Quando chegava em determinada cidade, o sentimento era como se fosse "da casa". As relações eram tão afetuosas e personalistas que, depois de cada reunião, eu acompanhava os números de cada região visitada e notava a diferença.

Essa é a força das relações genuínas e concretas, honestas e verdadeiras, que na liderança devem ser praticadas e incentivadas.

3. Cultura e poder

Depois que evidenciamos a importância do autoconhecimento e das relações pessoais, podemos avançar em nossa jornada de liderança, aprofundando a reflexão sobre os elementos que chamo de "bagagem". Isso mesmo, ao se propor a liderar um time, você deve saber que não fará isso de maneira totalmente isolada ou inocente. Sua bagagem vai acompanhar você ao longo de toda a trajetória. Não por acaso, uso a expressão "jornada da liderança".

Essa bagagem é caracterizada por tudo aquilo que influencia nosso jeito de ser, nosso comportamento, nossas decisões, enfim, nossa existência.

A primeira camada dessa bagagem é o que chamamos de cultura. Depois de um capítulo inteiro sobre relações e relacionamentos, vimos que as relações são constituídas basicamente sobre trocas e que as realizamos sempre. O empilhamento dessas trocas vai sedimentando camadas ou padrões que vão moldando o que convencionamos chamar de cultura. Claro que nos livros podemos encontrar diferentes definições de cultura, desde as mais abstratas, como a cultura artística, às mais concretas, como a cultura de determinado grão ou produto agropecuário.

Numa tentativa quase à risca de dicionário, a definição que nos interessa tangencia a antropologia, para assegurar que cultura é o conjunto de valores, costumes, padrões de comportamento, conhecimentos e crenças, símbolos e ritos, que são trocados pelos seres humanos em suas relações sociais.

Esse conjunto de elementos é o mais importante arcabouço que influencia nossas ações e dá tom à liderança, dentre tantas outras coisas. Isso porque estamos falando de uma camada quase sempre subconsciente, que está na base de toda decisão, considerando que tomamos decisões desde aquela que nos faz levantar da cama até a que nos leva a deitar nela outra vez no final de um dia intenso.

Acontece, porém, que como essas trocas em boa parte não são pensadas ou mesmo conscientes, muitas vezes esquecemos que elas existem e, assim, desprezamos o grau de influência da cultura em nossas ações. Como sugeri anteriormente, somos seres que costumamos repetir ou mimetizar comportamentos. Somos seres que damos relevo ao novo, ao não conhecido, incluindo-o prontamente em nosso discurso.

Neste momento, você deve estar se lembrando de quando aprendeu um conjunto de conhecimentos novos e passou a semana seguinte replicando nos grupos de trabalho, e até nas oportunidades em que o assunto era pertinente durante os almoços de domingo em família.

Quando escolhemos alguém em quem nos espelhar, essa relação se torna ainda mais intensa. Repetimos comportamentos, formas de pensar, ações e projetos, como se fossem genuinamente nossos.

Muito do tecido cultural é aplicável ao mundo do trabalho. Repetimos os modelos de liderança que tivemos em casa, ou nas nossas primeiras comunidades não domésticas. Aplicamos às relações profissionais os valores que temos, mais do que aqueles que as organizações insistem em colocar em suas declarações de propósito ou planejamento estratégico. Estabelecemos costumes pitorescos, como aprendemos a fazer em casa, e estranhamos tudo que não dialoga com aquilo que está debaixo do nosso guarda-chuva de cultura, como se todos tivessem o mesmo guarda-chuva.

Ao mesmo tempo que repetimos e incorporamos, que nos afeiçoamos ao novo e desconhecido, estranhamos tudo o que é diverso. Dos paradoxos da vida humana!

É no que chamo de elementos de cultura, alguns dos quais listei no esboço de definição anteriormente, que reside boa parte dos desafios enfrentados por aqueles que intentam exercer funções de liderança, no que tange às relações humanas.

Como disse Viktor Frankl na citação que está na epígrafe deste livro, existe um intervalo entre o estímulo e a resposta, e nesse intervalo reside o poder de escolha. Mas é nesse intervalo que esses elementos de cultura, como valores, costumes, crenças e padrões de comportamento, entram em cena e influenciam a capacidade de resposta, ainda que de modo subjacente ou inconsciente.

Muitas vezes, temos convicção de estarmos tomando uma decisão de maneira totalmente racional, mas nem sempre é bem assim. Outras vezes, até temos certa consciência dessa influência, mas ainda assim nossas escolhas não são meramente racionais como gostaríamos ou atestamos ser.

No exercício da liderança, a cultura ocupa um papel central, não só em função do impacto de seus elementos na atuação dos líderes, em suas escolhas e decisões, mas também em igual intensidade na atuação dos liderados, em suas escolhas e decisões, porque seguir um líder, engajar-se em seu propósito e transformá-lo em realidade também é uma decisão, uma escolha. Ninguém chega a uma posição de liderança por acaso, nem mesmo como uma *tábula rasa*. Todo conteúdo acumulado em forma de conhecimento serve de base para toda ação empreendida e se soma como bagagem a tudo que experimentamos e fazemos.

Voltemos ao nosso propósito de compreender o que é cultura como o *conjunto de conhecimentos, costumes, crenças e padrões de comportamento, adquiridos e transmitidos socialmente, que caracterizam um grupo social.*

Na jornada da liderança, nos vemos inseridos em diversos grupos sociais – família, escola, trabalho, vizinhança –, enfim, em diversos contextos que nos permitem conviver com outras pessoas. E é justamente nessa convivência que efetuamos o processo de troca dos elementos que caracterizam a cultura de cada grupo do qual fazemos parte. Essas trocas, por sua vez, afetam os elementos presentes em nós, aprimorando – ou não – nossos valores, costumes, padrões de comportamento, dentre outros.

Isso caracteriza a cultura como um conjunto vivo, em transformação, em mutação, que influencia, mas também sofre influência.

No exercício da liderança, é fundamental compreendermos esse pano de fundo sobre nós e sobre aqueles que lideramos. Ao mesmo tempo que nossos valores e costumes afetam nossos comportamentos, afetam também a forma como nos relacionamos com nossos liderados, assim como seus valores, costumes e crenças afetam a forma como se relacionam entre si e se posicionam diante de nossas orientações.

Ao longo da trajetória profissional, é comum exercer a liderança em grupos diferentes, seja por vontade própria, seja pela dinâmica empresarial. É esperado que se lidere grupos distintos com culturas igualmente distintas. Essa consciência do que chamamos de elementos de cultura influencia o comportamento das pessoas do time, e seu engajamento na visão do líder pode acelerar ou atrasar a consecução da visão do líder.

Mais do que conhecer, compreender e manejar os elementos desse mosaico de conhecimentos, costumes, valores, crenças, símbolos, ritos e comportamentos que distinguem cada grupo social se torna uma vantagem estratégica para um líder. Muitos desses elementos são dotados de valor, de sentimento. E, muitas vezes, para mudar comportamentos instalados em um grupo, não basta um comando ou a vontade de quem lidera. É essencial reconhecer e valorizar os elementos culturais e entender e integrar-se à cultura, pois eles são as chaves para o sucesso de sua liderança.

Nesse momento podemos nos perguntar sobre aqueles ambientes ou organizações em que a cultura não é a pretendida, ou ainda aquelas em que a cultura é marcada por elementos não adequados. Muitos líderes inexperientes chegam a esse tipo de ambiente com a ambição de revolucioná-lo, mudar a cultura, transformá-la de fora para dentro, impondo seus valores e crenças. Ledo engano.

A cultura de um grupo não é estática; ela evolui com o tempo e é moldada pelas experiências e histórias compartilhadas entre seus membros. Mas ela também possui uma dinâmica própria de autorresistência, de sobrevivência. Líderes eficazes são aqueles que não apenas compreendem a cultura existente, mas também contribuem ativamente para o seu desenvolvimento, transformando-a de modo contínuo. Eles usam a cultura como ferramenta para inspirar, motivar e orientar suas equipes, criando um ambiente onde os valores e as crenças são alinhados aos objetivos da organização.

Esses líderes sabem que a cultura se transforma de dentro para fora, que primeiro é preciso fazer parte, ser reconhecido como membro do grupo, com intenção genuína de melhoria, para que efetivamente uma cultura comece a se movimentar.

Diversas vezes vivenciei tentativas malsucedidas de mudança de cultura organizacional. O erro sempre estava na base do processo. O primeiro passo é crucial nesse movimento. Para que uma cultura mude efetivamente, são necessários anos, mas, com boa metodologia e respeito aos seus fundamentos, esse processo pode ser reduzido a meses.

Mesmo que você atue como líder em uma empresa muito grande, como foi o meu caso, e tenha elementos centrais de cultura que sejam comuns a toda a empresa, é importante destacar que os grupos menores ou subgrupos, unidades autônomas ou semiautônomas, podem e vão constituir determinadas variações particulares de cada elemento cultural da organização.

Ao longo da minha trajetória, trabalhei em diversos grupos, cada qual com sua cultura. Durante os primeiros dezesseis anos de minha carreira, atuei em oito grupos, com um tempo de permanência médio de dois anos. Em sete deles, exerci posição de liderança. Em cada um desses grupos, percebi as peculiaridades de valores, costumes e comportamentos que conformavam sua própria cultura. Podemos chamar esse conjunto de subcultura.

Os projetos mais bem-sucedidos que liderei foram aqueles nos quais consegui conquistar as pessoas antes de iniciar o ciclo de transformação e mudança. E isso aconteceu ao reforçar e reconhecer aquilo que nos unia, não o que precisava ser mudado. Mesmo que alguns comportamentos e atitudes precisem ser alterados, muitas vezes eles estão tão intrincados no tecido relacional do grupo, que é preciso desatar alguns nós antes de tudo.

Em minha jornada recente mentorando líderes, muitas queixas têm surgido sobre a resistência à mudança. Talvez eu tenha tido a sorte de nunca ter liderado grupos resistentes, o que não significa que nunca tenha havido pessoas resistentes nos grupos que liderei. Em todos, aliás. E muitas!

Lidar com pessoas resistentes é um grande desafio. Eu sempre pude encontrar o ponto da mudança na conexão, ou seja, procurei identificar aquele 1% que nos unia, que poderia refletir um ponto em comum, e a partir daí começava meu trabalho de semeador da mudança necessária. Uma vez conectado, me empenhava em ouvir e compreender o *locus* do outro, ou seja, o "lugar" em que se encontrava. Essa etapa era fundamental. Todo posicionamento, mesmo que inconsciente, está embasado em alguma premissa. É nessa premissa que se deve focar a ação.

Como líderes, muitas vezes cometemos esse erro. Começamos a agir antes de ouvir, ouvimos sem a intenção de compreender e atuamos no que transparece, e não na premissa. Sem essa perspectiva adequada, gastamos energia e não colhemos os resultados esperados.

Escutar com a intenção de compreender é necessário, mas bastante difícil. Exige disciplina, porque o natural é aplicar julgamento, avaliar conforme nossa própria escala de valores, e a partir daí acabamos expressando certas convicções que, ao invés de nos conectar, podem nos distanciar ainda mais.

O primeiro passo para isso é não responder. Fazer o exercício de conter a manifestação pessoal e refletir sobre o que o outro está dizendo, para identificar as suas premissas, e assim trabalhar a partir delas. Essa postura intencional pode mudar o jogo por completo. É isso que tenho visto em minha experiência.

4.
Crenças, paradigmas e mentalidades

Além dos pontos aos quais me referi sobre cultura no capítulo anterior, tais como valores, padrões de comportamento, costumes, símbolos e normas, é importante que o líder esteja atento aos elementos que podem influenciar o comportamento de seus liderados. E um deles me chama particularmente a atenção.

Estou me referindo a elementos de natureza interna, como crenças, paradigmas e mentalidades que podem influenciar de maneira significativa o comportamento dos líderes, o comprometimento dos liderados e seu engajamento na visão proposta pelo líder, afetando os resultados.

Ao longo de minha trajetória como líder, me deparei com milhares de pessoas que, claro, pensavam de maneira diferente. Que bom! Isso ocorre de modo natural, e as pessoas, na maioria das vezes, não têm consciência sobre como formaram suas bases de pensamento e como suas crenças e mentalidade estão arraigadas na forma como reagem a tudo, inclusive, e principalmente, nas relações consigo e com outras pessoas.

Quantas vezes, ao tentar compreender as premissas que o outro usava em suas convicções e seus posicionamentos, esse mesmo processo não as tornou claras para o próprio indivíduo com quem eu me relacionava!

Ao longo de sua trajetória de vida, as pessoas absorvem e desenvolvem várias crenças, paradigmas e diferentes configurações de *mindset*, sejam eles culturais, sociais, religiosos, entre outros. Isso funciona como lentes, através das quais podem ver o mundo e interpretar suas experiências, e também como amortecedores que suavizam o impacto que o mundo e suas realidades causam em nós.

Essas mentalidades influenciam diretamente nossas reações e nossos comportamentos. Em um dos livros mais vendidos sobre esse tema atualmente, *Mindset: a nova psicologia do sucesso*, Carol S. Dweck explora como as mentalidades podem afetar todos os aspectos da vida de uma pessoa. Ela enfoca sua abordagem em duas mentalidades antagônicas, chamadas de mentalidade fixa e mentalidade de crescimento. Alguém com mentalidade de crescimento vê desafios como oportunidades de melhoria e de aprendizado, enquanto alguém com mentalidade fixa pode evitar os mesmos desafios por medo de falhar.

Essas mentalidades não apenas moldam as ações individuais, mas também afetam a dinâmica de um grupo. Líderes eficazes são capazes de identificar e entender os *mindsets* de seus liderados, reconhecendo padrões de comportamento, seja uma tendência para o negativismo ou um otimismo excessivo. Ao compreender esses padrões, um líder pode antecipar reações e adaptar sua comunicação e estratégias de gestão para alinhar com os paradigmas predominantes em seu time.

Um passo importante nessa reflexão é que não estamos aqui defendendo que essa ou aquela mentalidade seja certa ou errada. Nem mesmo recomendando que quem esteja no papel de liderança se lance numa jornada com o intuito de mudar mentalidades alheias.

Conhecer e gerenciar os próprios paradigmas e os da equipe é crucial para a liderança eficaz. Isso permite que o líder não apenas melhore a gestão do grupo, mas também promova um ambiente onde a comunicação é clara e efetiva. Ajustar a abordagem de liderança para se adequar aos diferentes *mindsets* pode ajudar a superar obstáculos e transformar potenciais ameaças em oportunidades, conduzindo a equipe a alcançar seus objetivos coletivos. É um processo contínuo de autoconhecimento e adaptação que beneficia tanto o líder quanto os liderados.

Além das mentalidades que citei anteriormente, podemos observar outros tipos muito comuns em nós mesmos e nas pessoas com quem convivemos. Vou citar mais alguns exemplos como forma de ampliar o escopo desse tema e assegurar sua relevância.

Uma dessas mentalidades é chamada de empreendedora; como o próprio nome diz, pessoas com essa mentalidade estão sempre focadas em construir e inovar, são dotadas de grande iniciativa e poder realizador. São pessoas solícitas que estão sempre atentas aos problemas, porque enxergam neles a oportunidade de apresentar soluções. No ambiente de trabalho, são aquelas que contribuem constantemente com a liderança, levando ideias e soluções de maneira espontânea.

No papel de líder, pessoas com mentalidade empreendedora estão sempre com um projeto em execução e outro em preparação. Cumprem a *job description*, mas criam sua própria paleta, identificando e analisando sua realidade para além das lentes corporativas, e usam sua criatividade para propor soluções. Geralmente, possuem um estilo de liderança mais democrático, estimulam a participação dos liderados na concepção e na execução dos projetos, bem como na tomada de decisões.

Complementar à mentalidade empreendedora, a mentalidade criativa é aquela marcada pelo apetite por novas ideias. Também focadas na solução, pessoas com mentalidade criativa diferem na forma de buscar a solução, pois geralmente optam por criar saídas, pensando fora da caixa, com certo grau de originalidade.

A criatividade é uma habilidade fundamental na liderança. Ela engaja o time, dá frescor às gestões de longa duração e estimula a colaboração e a construção coletiva, características tão importantes em times vencedores.

Contudo, um ponto de atenção em líderes com essa mentalidade recai justamente na qualidade da execução. O excesso de criatividade pode gerar excesso de iniciativa ou de iniciativas, que, superdimensionadas, podem comprometer a entrega e até a imagem do líder. Mecanismos ágeis de gestão de projeto ou aplicativos podem ajudar o líder criativo a organizar suas ideias e prioridades, de modo a garantir eficiência e efetividade.

Outro tipo é a mentalidade confiante. Pessoas com essa mentalidade encaram a vida e suas controvérsias com uma dose extra de confiança. Esse tipo de mentalidade começa na autoconfiança, mas logo supera a fronteira do indivíduo e contagia as relações. Pessoas com mentalidade confiante não têm medo de desafios e gostam de encará-los. Elas se lançam constantemente em jornadas de desenvolvimento e aprendizagem, pois sabem que precisam da competência para resolver seus desafios e superar as intempéries.

Líderes com mentalidade confiante costumam empoderar seus times e formar equipes fortes e autoconfiantes. Possuem liderança no estilo *coaching*, focado no desenvolvimento do time, identificando as oportunidades de melhoria e apresentando os caminhos de aprimoramento. São pessoas que cuidam do processo, pois sabem que a excelência está na qualidade da execução. Por serem confiantes, apresentam disciplina e foco, não desperdiçando energia em assuntos corriqueiros.

É importante ressaltar que estamos tratando de uma mentalidade positiva: confiança e autoconfiança, que não podem ser confundidas com arrogância ou presunção. Nesses dois últimos casos, as pessoas possuem uma visão maior de si e de suas características, o que pode implicar uma visão parcial ou distorcida da realidade, muitas vezes empreendendo em áreas desconhecidas ou sem mecanismos de controle. Líderes com essa mentalidade causam bastante dano às organizações e aos times que lideram e, segundo a minha experiência, existem em maior quantidade do que deveríamos aceitar.

Outro tipo de mentalidade é a medrosa. Pessoas com esse paradigma têm medo do fracasso e por isso resistem a mudanças. Costumam ser muito apegadas à casa do tabuleiro da vida em que se encontram e têm pavor de retornar alguma(s) casa(s); por isso, têm um posicionamento mais fechado e resistente. Quando se veem diante de um dilema ou uma obrigação, tendem a procrastinar, e essa atitude pode causar danos maiores que a própria mudança evitada, mas também poucas vezes percebem ou fazem esse tipo de conexão.

Pessoas com esse tipo de mentalidade não se veem em posição de liderança e fogem desse tipo de papel. Contudo, líderes que contam em seu time com pessoas que têm essa mentalidade devem ter uma atenção especial.

A atitude inicial de escuta e identificação de premissas, a que me referi no capítulo sobre cultura, se torna ainda mais importante nesses casos. Atenção plena, escuta ativa e respeito são os três ingredientes essenciais para uma boa e produtiva relação com tais pessoas. Elas não têm essa mentalidade por opção, mas em decorrência das experiências de vida; portanto, o ponto não é confrontar, mas ajudá-las a superar esses sentimentos, e muitas vezes com ajuda técnica, quando o líder não está devidamente preparado para isso.

Mais um tipo de mentalidade importante a se destacar é a produtiva. Pessoas com esse tipo de mentalidade tendem a partir para a execução tão logo se deparam com uma realidade ou proposta. São pessoas focadas no processo e na eficiência, que buscam otimizar recursos e tempo em prol de suas metas.

Líderes com mentalidade produtiva são aqueles realizadores que terminam um ciclo pensando no próximo, conseguem antever movimentos e arquitetam ações de maneira calculada e precisa. Podem apresentar um estilo de liderança mais autocrático, a depender de outros fatores históricos ou de personalidade, mas também podem ser grandes líderes transformadores, baseados em altos padrões de desempenho e entrega.

Liderados com mentalidade produtiva fazem grande diferença nos times, mas é sempre importante instigá-los a avaliar se a escolha feita é consciente e a melhor para o cenário existente, pois muitas vezes se põem a executar sem avaliação crítica e analítica.

Por fim, e com um tom um tanto polêmico, podemos citar a mentalidade preguiçosa. Isso mesmo, pessoas com essa mentalidade tendem a evitar compromissos e escolhem o menor esforço. Líderes assim não estão preocupados com o autodesenvolvimento e, na maioria das vezes, estão desprovidos de ambição. Em alguns ambientes ou cenários, esse tipo de mentalidade pode ser mais frequente.

Líderes com essa mentalidade são mais raros, mas existem. São pessoas que preferem não chamar a atenção e se escondem atrás da mediocridade, aqui entendida como a busca por estar sempre no "meio", nem em destaque nem sob risco.

Costumo dizer que a maioria das pessoas não escolhe essa mentalidade de forma intencional, o que não tira sua responsabilidade em mudar o jogo. Muitas vezes, a frustração contínua, o fracasso ou sucessivos tombos, a ansiedade e a influência do ambiente podem acelerar a ascensão desse tipo de mentalidade.

Em minha experiência mais recente como líder de líderes, me deparei muitas vezes com esse dilema permeando meu time. Como resgatar pessoas que não querem se comprometer? A resposta a essa pergunta começa com a mesma fórmula a que já me referi: atenção plena, escutar com a intenção de compreender as bases de tal comportamento e apoio consistente e customizado. Isso mesmo. Muitos líderes esquecem que liderar demanda comprometimento e engajamento pessoal recíproco. Esperam que os liderados se engajem em suas causas e seus objetivos, mas não se engajam nos desafios de seus liderados.

Para reduzir a frustração e promover o engajamento, me lembro de algumas dicas valiosas que aprendi ao ler *O inimigo do engajamento profissional*, de Mark Royal e Tom Agnew. No livro, os autores reforçam a percepção de que pessoas desmotivadas ou desengajadas têm talentos preciosos, de que muitas vezes os líderes desistem e prescindem de maneira incorreta.

Muitas vezes esses problemas começaram antes mesmo de o líder atual chegar ao time, ou pertencem ao nível corporativo macro. Preocupados com o curto prazo, os líderes negligenciam esses aspectos e implementam práticas ou conceitos que aprofundam a crise.

A frustração é a camada à vista de algo que está causando certo incômodo. Esse algo pode ser o descompasso de valores e costumes, o excesso de burocracia ou o jeito inadequado de fazer, a falta de estabilidade ou a cobrança desassistida.

Para tanto, algumas medidas podem surtir efeito. O primeiro passo é avaliar a competência das pessoas com essa mentalidade. E chamo de competência a capacidade de aplicar um conhecimento na prática com qualidade. A depender dessa avaliação, o líder pode desenvolver ou incentivar programas de capacitação e treinamento, focados em suprir os *gaps* de desenvolvimento encontrados.

Outro ponto que requer atenção dos líderes é a readequação de fluxos de processos, de modo a eliminar gargalos e sobrecarga. Aliada à releitura dos fluxos operacionais da equipe, é fundamental uma revisão da comunicação num conceito amplo, tanto dos meios formais quanto dos informais, e ajustar o entendimento de todos, principalmente do significado pelo qual as decisões são tomadas e os rumos são escolhidos.

Casos individuais devem ser acompanhados de modo específico. Perceba que não usei a expressão "tratados", mas acompanhados, para evitar uma comparação com distúrbio ou doença. Essa mentalidade é transitória e, portanto, deve ser acompanhada com foco na mudança e no resgate. Para tanto, um *feedback* genuíno é muito importante.

Em várias equipes, e vivenciei muito isso em minha trajetória, o *feedback* sistematizado foi banalizado e desvirtuado. O que deveria ser um presente e uma contribuição se tornou uma obrigação. Eu entendo que seja importante esse movimento como forma de garantir o compromisso de gestores com o desenvolvimento das pessoas, mas ele precisa ser genuíno e verdadeiro, devidamente preparado e focado no desenvolvimento, não apenas no cumprimento de uma tarefa ou voltado para "pontos fracos".

Para realizar um *feedback* transformador, leve em consideração os seguintes pontos: seja sincero, honesto e transparente, coerente com os seus comportamentos diários; seja específico, apontando exatamente os pontos fortes e as oportunidades de desenvolvimento; seja oportuno, apresentando *feedback* com respeito, conectado à ação, tempestivamente; reconheça o esforço e estimule novos comportamentos, além de alinhar as expectativas de desempenho, deixando claros os comportamentos que espera observar e que podem contribuir para os objetivos; e, por fim, conecte o *feedback* ao engajamento do time, à desoneração da equipe, ao aumento dos resultados, à conexão entre as pessoas. Não se trata de atender a você, mas de contribuir decisivamente para o coletivo.

Essas ações visam estimular a criação ou o fortalecimento da confiança entre líder e liderado, fundamental para o engajamento nos objetivos comuns e nas causas que o líder pretende empreender. Lembre-se de um ponto importante: trata-se de um processo; portanto, tenha tempo e dê tempo ao movimento.

Durante o processo de desenvolvimento, oriundo do *feedback*, é fundamental que o líder ofereça suporte contínuo ao liderado, como forma de corresponsabilidade e movimento de gestão genuíno. Ao perceber passos, é crucial o reconhecimento, a valorização das novas e/ou melhores habilidades e, à medida da condição, incentivar o liderado com uma nova responsabilidade, por meio da delegação, como mecanismo de reforço de confiança e crença positiva.

Tudo o que abordamos até aqui são pontos que muitos líderes negligenciam em sua gestão cotidiana. Assim, preciso dar mais clareza e apontar evidências da relevância deles para uma liderança estratégica e exitosa.

Muitas pessoas empenham-se em uma jornada de liderança começando pelo final, ou seja, focando o resultado que será obtido, sem se preocupar com os passos precedentes. O problema não está no foco no resultado, pelo contrário, está na negligência aos passos precedentes.

Falaremos mais sobre isso.

5. O poder da comunicação

Em minha jornada de desenvolvimento como líder, uma habilidade se sobressaiu das demais como fundamental para que eu pudesse engajar cada vez mais pessoas na minha visão. Mas, ainda mais do que isso, essa habilidade também tem sido fundamental para construir pontes entre os meus entendimentos e os de meus liderados. Estou falando da comunicação. É improvável pensar em um grande líder cuja comunicação não tenha feito diferença em sua trajetória.

Liderar é a habilidade de influenciar pessoas para a superação de um objetivo. Comunicar é a habilidade de transmitir uma mensagem para que se torne um entendimento comum. Essas duas habilidades estão interligadas. Como influenciar pessoas a uma ação sem transmitir uma mensagem? Lembre-se que existem mensagens verbais e não verbais. Mas desse aspecto trataremos um pouco mais à frente.

Assim sendo, o exercício da comunicação é parte fundamental da tarefa de influenciar pessoas da liderança. Enquanto líder, você precisa transmitir mensagens para influenciar pessoas a terem um entendimento comum dos seus objetivos. A notícia boa é que, assim como toda habilidade, a comunicação pode ser aprendida e desenvolvida. Requer conhecimento, técnica, e deve ser praticada para que se fortaleça e ganhe notoriedade até se transformar em competência.

Para liderar com efetividade, é necessário que a comunicação seja uma habilidade muito bem desenvolvida ou então uma competência, algo que você já aprendeu, praticou e desenvolveu, e que hoje faz com maestria de um modo natural.

Neste momento, a pergunta é: como desenvolver a comunicação ao ponto de ser reconhecida como uma competência?

Seguem algumas recomendações que podem ajudar nessa jornada.

Comece pelo começo, ou seja, conheça seu público. É fundamental considerar os conhecimentos, os *mindsets* e as necessidades da(s) pessoa(s) com quem você irá se comunicar. Quanto menor o grupo, maior a possibilidade de aprofundar esse conhecimento com algum nível de detalhe. Em grupos maiores, esse processo de conhecimento pode ser feito com a ajuda da tecnologia, com aplicações e ferramentas que permitam, de maneira geral ou amostral, ter informações que sejam úteis na modulação da mensagem.

Seu público sempre terá características específicas. Por mais que você esteja habituado a se comunicar, mesmo em público, é importante saber que a audiência nunca será igual. Há histórias, jornadas, antecedentes diferentes, e isso precisa ser levado em consideração.

Em minha trajetória mais recente, liderei um banco de varejo em âmbito nacional. Semanalmente, me comunicava com o grupo todo, mas também me comunicava com pequenos e médios grupos em algum lugar do Brasil. Nesses movimentos de comunicação, era preciso ajustar minha fala ao grupo com que me comunicava.

Sempre me foi útil receber um pequeno resumo com informações regionais, dicas e observações que me ajudassem a entender seus paradigmas, os valores e costumes, como forma de estreitar os laços ou favorecer a minha entrada para semear objetivos e direcionamentos. Isso sempre foi intencional. Liderar é uma habilidade de intencionalidade pura.

Ao conhecer esses elementos, era possível incluir alguns deles em minhas mensagens, relevar alguns elementos que acelerassem o engajamento do público, e isso só aconteceria se eles se conectassem comigo.

Outro aprendizado importante: pessoas não se engajam em virtude de mensagens, mas sim dos mensageiros. E na posição de mensageiro, você deve lançar mão de todas as possibilidades para conquistar, cativar e influenciar o seu público, conquistando-lhes o engajamento genuíno.

Em ato contínuo, pratique a atenção plena e a escuta ativa. Muitos líderes falham no processo de engajamento porque acreditam que as pessoas tenham a obrigação de fazê-lo. Isso é uma falácia. As pessoas se engajam nas propostas dos líderes por encontrarem um motivo para tal; assim, o movimento recíproco começa com o líder, não com os liderados. É você, enquanto líder, que deve iniciar o movimento. Portanto, dedique-se aos seus liderados, escute-os com qualidade de presença e espere o engajamento em troca, não o contrário.

Com essa prática, uma janela de oportunidades nasce para que você estreite sua conexão e fortaleça o engajamento. Ainda não é hora de oferecer respostas ou direcionamentos. É hora de fazer perguntas. As perguntas são instrumentos poderosos para que você possa semear seus direcionamentos.

Muitas pessoas em posição de gestão entendem que seu papel é dar respostas, é falar. Entendem que a comunicação é centrada em quem fala, e que quem fala é o chefe. Esse paradigma é muito perigoso e mina a chance de ser reconhecido como líder.

O líder escuta antes de falar e faz perguntas antes de responder. A boa liderança começa ouvindo e se concretiza na inspiração e na influência, visando conduzir o time a superar seus objetivos e suas visões de futuro.

A habilidade de fazer boas perguntas vai sendo desenvolvida com a prática. Mas podemos deixar aqui algumas dicas importantes:

- Use alternadamente perguntas abertas e fechadas, pois isso estimula o liderado a refletir, e a alternância afasta o risco do cansaço.
- Faça perguntas simples, mesmo abertas, não seja muito prolixo ou demorado para não correr o risco de o liderado esquecer da pergunta principal diante de tantas informações que recebeu.
- Seja espontâneo ao perguntar. Ainda que seja fundamental preparar-se antes e ter um possível rol de perguntas, é recomendável ser o mais casual possível para manter o liderado conectado ao processo.

Vimos que a comunicação vai além da mera troca de informações, do papel de emissor, receptor e da própria mensagem por meio de um canal. A comunicação é o veículo pelo qual os líderes podem conectar-se verdadeiramente com sua equipe, inspirando e motivando-os em direção a objetivos comuns.

Já me referi à importância de o líder estar preparado para suas ações. Isso não é diferente com a comunicação. Ouso dizer que talvez seja ainda mais importante no caso da comunicação, pois pensamos enquanto falamos e falamos enquanto pensamos; para algumas pessoas, essa concomitância chega a ser um grande desafio. Para mim é.

É nesse sentido que entendo que organizar os pensamentos é crucial para uma boa comunicação. Ter as ideias em linha lógica e se necessário cronológica e/ou processual faz toda diferença na assertividade da comunicação. Para essa assertividade contribui a clareza de objetivo. Costumo repetir que toda comunicação estratégica com meus liderados começa com qual objetivo tenho ao me comunicar com eles.

Tendo clareza e convicção do objetivo, derivo essa clareza para o fluxo, para que meus liderados entendam aonde quero chegar e como imagino ser o caminho mais eficiente. Muitas vezes, os líderes podem não ter essa clareza, por falta de conhecimento ou experiência com o tema. Nesses casos, pode-se construir o fluxo, o caminho e até o objetivo com o time, mas ainda assim é preciso ter clareza da metodologia que se pretende usar para tal finalidade. Um processo de construção de caminho tático, por exemplo, sem um amparo metodológico, pode conduzir o time a lugar algum e causar um sentimento enorme de frustração.

A dimensão do objetivo talvez seja o ponto mais importante na comunicação, pois é justamente ele que queremos que seja capturado pela audiência e convertido em entendimento comum. Para tanto, deve estar constantemente na comunicação do líder. Isso significa que é preciso aparecer em diversos momentos da fala, na introdução, no desenvolvimento e na conclusão. Esse reforço intencional do objetivo marca claramente para os liderados a mensagem-chave que o líder está procurando comunicar.

Mais uma vez, insisto: a comunicação é uma das competências-chave da liderança. A comunicação é o veículo pelo qual os líderes comunicam sua visão, enfatizam seus diferenciais, convergem os pontos com as pessoas do time e conectam propósitos em prol da construção dos objetivos comuns.

A comunicação efetiva é uma habilidade que permite ao líder não somente transmitir sua visão, mas também estabelecer uma relação de confiança e compreensão mútua. Para tanto, o líder deve estar atento à sua comunicação verbal e à não verbal. Para estimular a qualificação verbal, o principal ponto a considerar é o hábito da leitura de qualidade. Costumo recomendar o hábito permanente de leitura, como forma de estimular o pensamento, a comunicação, a clareza e o aumento de vocabulário, especialmente.

Quanto à comunicação não verbal, como quem lidera está sempre debaixo dos holofotes, é necessária especial atenção à forma como se comportam, de modo a evitar sinais contrários em sua fisionomia, postura ou gesticulação. Quem nunca disse "sim" com a boca e "não" com a cabeça?

Às vezes relegada a segundo plano, a comunicação não verbal ocupa um importante papel nas competências de inspiração e influência. Líderes que almejam inspirar e influenciar o comportamento de suas equipes devem dedicar atenção primordial aos seus gestos, às suas expressões e ao seu comportamento. Isso porque liderar pelo exemplo implica ser visto, notado e reconhecido como tal.

Além dos pontos já elencados, quero destacar a importância de o líder estar atento à distância entre si e seus liderados durante uma comunicação estratégica, pois a proximidade engaja mais do que a distância, podendo reforçar sentimentos como empatia, conexão e intimidade.

Outro ponto a destacar são os aspectos no entorno da fala, como volume, entonação e ritmo. Esses elementos reforçam ou distorcem a mensagem. Falar de aceleração de metas em marcha lenta, da importância de um objetivo em voz baixa quase sussurrante ou de novidades estratégicas em tom fúnebre são exemplos de como esses elementos podem fazer uma diferença crucial na compreensão da mensagem e no consequente engajamento do time.

Já disse que as pessoas não se engajam por mensagens, mas pelos mensageiros. Portanto, essa intencionalidade em comunicar bem faz todo sentido e facilita o esforço do líder em conectar seu time às suas ideias, visões e propósitos.

Outra consideração importante que estabelece confiança é o contato visual. Quando o líder acredita visceralmente no que está comunicando, não foge ao contato visual. Ele estabelece nesse tipo de contato um reforço de peso para a sua mensagem.

Assim, a comunicação se torna, de fato, o ponto de encontro, o palco de diferentes indivíduos, e aquelas crenças, paradigmas e *mindsets* dos quais falamos também se encontram por meio dela. Um líder eficaz reconhece essa diversidade e adapta sua comunicação para se fazer ressoar aos paradigmas e *mindsets* de cada membro da equipe. Ao fazer isso, ele não apenas garante que sua mensagem seja recebida como pretendido, mas também promove um ambiente onde todos se sentem pertencentes e valorizados.

A comunicação favorece ao líder uma postura empática. É na comunicação que se manifesta sua capacidade de se reunir com o outro no lugar em que este se encontra, e entender suas emoções e perspectivas, tão fundamental para uma liderança eficaz. Isso não apenas facilita a resolução de conflitos e melhora a colaboração, mas também fortalece os laços dentro da equipe, criando um senso de comunidade e pertencimento.

6.
Inteligência emocional

Qualidade de vida diz respeito aos resultados de como manejamos emoções e sentimentos, em prol dos nossos relacionamentos. Isso mesmo, começo o capítulo de inteligência emocional relacionando-a com qualidade de vida. De toda sorte, o maior drama que líderes e liderados compartilham são os reflexos de sentimentos e emoções mal equilibrados que repercutem de maneira inadequada nas decisões e, por sua vez, nas relações humanas.

Sendo líder, saiba que emoções são contagiosas! Parece algo muito simples dizer que é preciso liderar com inteligência emocional ou ainda que há uma fórmula mágica que ajude ou garanta aos gestores transformarem-se em líderes.

Nos quase 25 anos como líder de equipes, dos mais variados tamanhos e níveis de responsabilidade, não foi isso que experimentei. Liderança não é um dom sobrenatural, é uma competência, ou seja, uma habilidade, capaz de ser aprendida e praticada, até que se torne um ponto forte, algo que o diferencie em seu ambiente. Nunca achei nenhuma fórmula mágica, muito menos nas centenas de textos científicos que li, enquanto realizava as minhas pesquisas de mestrado e doutorado.

Da minha experiência como pesquisador e executivo, o que posso dizer é que a liderança emerge dos liderados a partir das práticas e dos comportamentos do líder, e que ela requer do líder seu exercício com inteligências; isso mesmo, no plural.

Uma pessoa que se posiciona em papel de tomar decisões sobre coisas, processos ou pessoas, por si e em si só pode ser chamada de chefe ou gestor. Liderança mesmo não vem da posição, nem do próprio indivíduo, mas da maneira como as pessoas que estão sob sua responsabilidade e no seu entorno reagem à sua vivência nessa posição.

Liderança não é um atributo único, nem mesmo exclusivo. Ela pode se manifestar de várias formas e em várias pessoas ao mesmo tempo, inclusive naquelas que não estão nas posições de topo. A liderança pode se manifestar na característica para influenciar pessoas, inspirá-las, conduzi-las e engajá-las. Mas ela sempre estará relacionada a um indivíduo com um propósito claro para si, que conectará pessoas a esse propósito, que compartilhará com tais pessoas ao ponto de esse propósito se tornar comum, único. E isso requer competências, habilidades e atitudes. Não são palavras que moldam um líder, mas aquilo que ele traz em si, aquilo que o distingue dos demais, aquilo que ele pratica com suas ações, escolhas e decisões.

Como me referi anteriormente, em minha carreira executiva de cerca de 25 anos nem sempre exerci posições de topo. Antes de ser CEO, fui gerente de agência bancária, por exemplo. Mas, em todas as posições que ocupei, sempre me comportei de tal maneira que as pessoas ao meu redor me atribuíam a liderança junto a elas.

Eu me recordo de diversas situações quando gerente de agência, nas quais era necessário cumprir uma ou outra tarefa, e que muitas vezes as pessoas da equipe não entendiam exatamente o sentido daquelas missões. Isso é muito comum para os líderes do dia a dia: recebem uma missão, uma meta, e precisam engajar seu time para realizá-la, mas nem sempre sabem o caminho a seguir.

Mais ainda. Muitas vezes, líderes ficam com o sentimento de que estão falando, falando, falando e não estão sendo compreendidos. Essa e outras realidades causam reflexos nas emoções e nos sentimentos. E esses reflexos variam de acordo com a habilidade de manejar tais emoções e sentimentos.

A capacidade de compreender e gerir as próprias emoções é um diferencial para os líderes, permitindo-lhes criar ambientes de trabalho mais harmoniosos e produtivos. A inteligência emocional ajuda os líderes a se conectarem com suas equipes, estabelecendo uma comunicação eficaz e uma compreensão empática.

No cotidiano da liderança, é comum enfrentar desafios que testam o nosso equilíbrio emocional. Situações de pressão e conflito exigem uma gestão emocional astuta para evitar reações adversas que possam prejudicar as relações interpessoais e a tomada de decisões. Por isso, o autoconhecimento emocional é fundamental; reconhecer e entender as próprias emoções é o primeiro passo para desenvolver uma liderança efetiva e resiliente.

Observe que o primeiro passo é justamente reconhecer e entender as próprias emoções e sentimentos, em linha com os ensinamentos de Daniel Goleman em *Inteligência emocional*. Goleman propõe um *framework*, segundo o qual, em termos de emoções e sentimentos, o ser humano tem possíveis domínios.

O primeiro, quando conhece as próprias emoções e sentimentos, ele denomina autoconsciência. Esse primeiro domínio é a porta de acesso para os demais. Segundo Goleman, para fazer uso da inteligência emocional a seu favor, é necessário conhecer suas emoções e seus sentimentos e reconhecer o impacto provocado em si e nas relações.

Essa etapa parece simples, mas está bem distante disso. O processo de autoconsciência pode durar uma vida; na verdade, dura isso mesmo. Somos seres em constante evolução e precisamos estar constantemente em processo de autoconhecimento. Aliás, existe diferença entre autoconhecimento e autoconsciência? Sim, existe.

Autoconhecimento é o que você sabe sobre si, o que conhece racionalmente sobre você, sua história, suas características, suas competências, e a lista vai longe. Autoconsciência é o que você reconhece como sendo você, a partir do processo de conhecimento. É o autoconhecimento internalizado ou assimilado, reconhecido. Algumas linhas atrás, afirmei que é conhecer suas emoções e seus sentimentos e reconhecer o impacto que eles causam. Esse segundo movimento é o que faz a passagem do autoconhecimento para a autoconsciência.

Líderes autoconscientes são uma dádiva tipo 1 para seus times. Eles não apenas se conhecem, mas também sabem o impacto que provocam nas pessoas do time e, com isso, têm o repertório necessário para partir para o segundo domínio, que consiste no autogerenciamento, caracterizado por manejar as próprias emoções e sentimentos.

Por que uso essa sequência de necessidades? Por que o primeiro domínio é necessário para o segundo? A resposta é simples: ninguém gerencia aquilo que não conhece. Só podemos regular sentimentos e emoções que podem causar impactos negativos nas pessoas com quem convivemos ou motivar sentimentos e emoções que possam causar impactos positivos se soubermos e reconhecermos sua existência e seus impactos.

Mais que conhecer e reconhecer, é preciso treinar essa habilidade. É preciso compromisso pessoal consigo para alcançar esse estágio de desenvolvimento.

A depender da emoção ou do sentimento relacionado, o gerenciamento emocional pode ser mais fácil ou mais difícil. Ele está conectado a uma nova forma de enxergar o mundo. Mesmo que seja sobre você, não podemos nos esquecer que o que acontece ao nosso redor, e principalmente conosco, nos afeta. Portanto, para gerenciar os próprios sentimentos e emoções, é necessária uma nova perspectiva de mundo, é preciso revisar *mindsets* e paradigmas que nutrimos desde muito tempo, mas que podem ser os gatilhos que levam tais emoções e sentimentos a territórios onde não os queremos.

Uma reflexão importante nesse ponto é o foco da nossa ação. Para exercermos esse autogerenciamento que Goleman propõe em sua vasta obra e pesquisa sobre o tema, o foco deve ser o próprio indivíduo. Sendo ainda mais claro, o seu foco deve ser você. Só quando focamos nós mesmos é que conseguimos atingir esse domínio de autogerenciamento;

só quando somos o centro de nossas ações é que conseguimos manejar tais sentimentos e emoções.

Vamos a um exemplo clássico. Você está envolvido em uma situação de grande estresse, fora da sua zona de conforto. Entretanto, você sabe que, nesse tipo de ambiente, pode reagir de maneira impulsiva e essa reação acabar acontecendo de maneira inadequada. Se no desenrolar dos fatos você exercitar sua autoconsciência e centrar o foco da sua atuação em si, terá mais chances de controlar suas reações, tentando compreender a si e aos outros, antes de qualquer atitude. Se, porém, o foco estiver no outro, possivelmente suas reações serão mais imediatas e impensadas.

Nesse exemplo, fica evidente como os domínios caminham conjugados, e a separação proposta por Goleman fica mais didática que funcional, mas importante para que possamos compreender de maneira clara como tudo isso nos afeta.

Um líder consciente e gestor de suas emoções e seus sentimentos é uma dádiva tipo 2 para seus times. Falo isso porque eles conseguem amenizar de maneira significativa seu próprio impacto no time, causando apenas movimentos positivos, o que não significa ser bonzinho, mas causar motivação ou estimulação do jeito certo, mesmo nos momentos de crise e mudança.

O terceiro domínio de Goleman sai do campo individual e vai para o campo coletivo. Conhecer e reconhecer as emoções e os sentimentos dos outros é algo denominado consciência social. Esse domínio requer mais bagagem e algumas habilidades adicionais. Bagagem porque conhecer e reconhecer os sentimentos e as emoções das pessoas com quem convivemos pode exigir um pouco de conhecimento sobre aqueles que não encontramos em nós mesmos. Podemos, ao longo dessa trajetória, encontrar uma gama de sentimentos e emoções novos, que nos despertem uma série de reações, do interesse ao medo, da curiosidade à vontade genuína de colaborar.

Além de conhecimento, são necessárias algumas habilidades. Na minha jornada, as habilidades que fizeram mais diferença foram a atenção e a empatia. Atenção, porque vivemos em um mundo de múltiplos estímulos, e as pessoas querem e precisam ser notadas e reconhecidas. Se você, como líder, quer realmente fazer a diferença, aprenda isto: dê atenção ao seu time, tanto de maneira coletiva quanto individual. Evite conversar sobre assuntos importantes para o outro mexendo no seu celular, evite devotar ao outro uma atenção secundária e querer uma atenção primária como resposta.

Seguida da atenção, a empatia. Segundo o próprio Dr. Goleman, a empatia ocupa papel central nesse domínio. Reunir-se com o outro no "lugar" em que ele se encontra e ouvir com a intenção de compreender, e não de responder, são habilidades fundamentais para conhecer e reconhecer de fato as emoções e os sentimentos alheios. De outro modo, corremos um sério risco de parar no campo do juízo de valor.

Quer saber se você está no caminho certo? Verifique se já está apondo adjetivos às emoções e aos sentimentos do outro. Ao qualificarmos como certo ou errado, bom ou mau, justo ou injusto, necessário ou desnecessário, estamos aplicando juízo de valor, e esse comportamento de nada ajuda; pelo contrário, atrapalha e muitas vezes destrói.

Usei de maneira intencional essa qualificação de empatia como "reunir-se com o outro no lugar em que ele se encontra", pois a verdadeira empatia requer que você vá em direção ao outro, uma atitude bem desafiadora para quem ocupa posições de liderança sem ter as competências adequadas para tal. Quem se ilude com o título do cargo muitas vezes se perde nas atitudes e pratica o inverso. Essa pessoa lembra da oração apenas no verso que diz "Venha a nós".

Ir ao encontro do outro, além de demonstrar respeito e confiança, abre as portas para que ele manifeste a causa de suas ações e reações. É como que desvendar um segredo muito importante, sem se deixar levar pelo primeiro impacto. Apenas ao compreender a causa ou as causas que levam o outro a determinado comportamento, é que somos capazes de encontrar caminhos e soluções mais adequados.

Um líder que conhece e compreende as emoções e os sentimentos dos seus liderados é uma dádiva tipo 3, pois consegue controlar suas reações e indicar de maneira mais efetiva os caminhos que o time deve perseguir ao buscar seus objetivos, contornando de maneira mais adequada as situações que vivencia em sua jornada, não se deixando afetar por situações pontuais.

É importante ressaltar que isso não significa ser conivente com essas situações ou com as pessoas que as praticam, nem mesmo tolerar comportamentos inadequados ou correr o risco de se expor e comprometer seu posicionamento e, por conta disso, a própria liderança. Um líder com esse grau de maturidade sabe separar o som do ruído, os fatos das impressões e, dessa forma, tratar cada parte de acordo com a solução mais adequada.

O quarto domínio proposto por Goleman em sua obra é o das relações interpessoais. Segundo o autor, ao sermos capazes de conhecer e reconhecer as emoções e os sentimentos das outras pessoas, conseguimos desenvolver a habilidade de influenciar e inspirar comportamentos e atitudes nos outros a partir de nossos próprios comportamentos e de nossa comunicação.

Esse é um domínio muito importante, mas também demanda muita atenção. É imprescindível notar que nossa abordagem frisou os comportamentos de influência e inspiração, e não de controle. O papel do líder não é de controlar emoções alheias. Na minha jornada executiva, todas as vezes que presenciei pessoas tentando controlar emoções alheias sem o devido preparo, o resultado não foi bom. Isso mesmo, líderes em sua maioria não têm formação psicológica ou mesmo médica para encarar esse tipo de situação.

Nem mesmo devem os líderes se sentir compelidos ou obrigados a tal papel. Isso não consta em sua *job description*. O papel dos líderes é influenciar novos e melhores comportamentos, inspirar novas e melhores atitudes. E nada contagia mais que o exemplo em um ambiente de confiança. Portanto, como líder, minha recomendação é: comece pelo começo, ou seja, pratique a atenção e autoescuta para conhecer-se e reconhecer-se. Após estar confiante sobre si, pratique a atenção plena e a escuta ativa com o outro, a fim de conhecê-lo e reconhecê-lo. Assim, você estará apto a praticar a autogestão e a influência.

No próximo capítulo, vamos nos dedicar de maneira mais abrangente ao tema da influência na liderança.

Após essa breve releitura dos quatro domínios da inteligência emocional, segundo a abordagem de Daniel Goleman, podemos compreender mais facilmente a riqueza e a importância dessa temática quando o assunto é a liderança. No início, ressaltamos que liderança tem a ver com pessoas, com conectá-las para concretizar uma visão, um objetivo. Importa ressaltar que o comportamento esperado da liderança não é transmitir o objetivo, a ordem, a missão. O comportamento necessário de uma liderança é gerar engajamento, comprometimento em uma realização. E um líder eficaz só conseguirá isso conjugando sua atuação com os princípios da inteligência emocional.

Para engajar pessoas em uma causa, uma visão ou um objetivo, são necessárias algumas habilidades, e a inteligência emocional, sem dúvida, é uma delas. O líder que conhece e reconhece suas emoções e seus sentimentos, bem como os de seu time, e desenvolveu a habilidade de manejar suas reações e seus comportamentos, bem como de inspirar adequadamente os comportamentos e as atitudes do time, tem um arsenal fantástico para atingir qualquer objetivo.

Um líder que age com esse arsenal conquista a mais alta confiança de seus liderados. Esse líder é aquele ao qual basta falar, para que o time reconheça sua autoridade e siga seus direcionamentos. Esse é um líder que tem inteligência emocional.

7.
Inspiração e influência

Liderança na prática começa com a habilidade de conquistar o engajamento de pessoas em seus objetivos. Temos aqui alguns pontos importantes: uma habilidade sua (conquistar), pessoas e os seus objetivos.

Ao contrário do que muitas pessoas possam imaginar, liderar é uma atitude intencional; portanto, tem relação com vontade e consciência. É certo que na maioria das vezes essa vontade pode estar camuflada nas consequências, ou seja, em alguma motivação extrínseca.

Por ser uma habilidade, requer prática ou treino, ainda que se possuam aptidões oriundas de suas outras competências e da jornada acumulada. Para conquistar o engajamento de pessoas em sua causa, são dois os caminhos mais usados pelos verdadeiros líderes: inspiração e influência. Mas, antes de falar sobre eles, precisamos traçar um paralelo com o oposto a esses dois caminhos, para que a nossa compreensão da validade e da eficiência deles fique mais clara.

Muitos líderes passam sua trajetória toda alicerçados na perspectiva do comando e da ordem. Reflito, inclusive, se devo mesmo caracterizá-los como líderes, ou apenas como chefes. Na questão semântica, sim, são líderes, pois são pessoas que conseguem influenciar outras a se comprometerem com seus objetivos, ainda que usem elementos como pressão e medo.

Em alguns tipos de equipe ou mesmo em alguns tipos de organização, isso pode funcionar por algum tempo, mas a tendência é que haja um desengajamento e esgotamento da equipe com o passar do tempo. Todos já ouvimos falar dos males do *burnout* nas organizações. O *burnout* é a camada mais visível de uma "liderança" tóxica. Ainda vamos discorrer sobre as consequências – ou as responsabilidades – da liderança de maneira mais detalhada nos próximos capítulos.

A sustentação do comando se dá pelo controle, acompanhamento sistemático etapa a etapa, papel a papel. Essa é uma atividade bastante trabalhosa e extenuante, tanto para líderes quanto para liderados. E é assim, mesmo que se utilize uma das ferramentas muito poderosas que existem para a gestão de processos e que podem tornar essa dinâmica menos estressante. Isso pode parecer confuso, mas o ponto é que não estou me referindo à necessária prática da gestão da eficiência operacional dos times, mas à prática conhecida como comando-controle.

Até onde consegui avançar em minha pesquisa, essa prática deriva da aplicação em outros contextos de premissas do meio militar, ambiente onde a hierarquia e o poder são intensos e estruturantes. E isso faz total sentido.

Líderes que aplicam comando-controle como modelo de gestão centralizam toda decisão em si mesmos, distribuem tarefas aos membros do time e controlam minuciosamente a execução dessas tarefas. Geralmente, possuem um perfil mais fechado, não aceitam críticas ou divergências e, quando algo sai da sua expectativa, logo procuram um culpado, sobre os ombros de quem recairá toda a responsabilidade pelo "fracasso". Isso mesmo, muitas vezes um simples descompasso é encarado como um terrível fracasso.

Ambientes com esse tipo de liderança tendem a ser tóxicos, difíceis de se conviver e geradores de muitas doenças relacionadas ao trabalho, principalmente nos campos emocional e psicológico. Equipes com liderança baseada em comando-controle tendem a ter altos índices de absenteísmo e elevado desengajamento das decisões e visões do líder. Nesse contexto, é comum o surgimento dos chamados aproveitadores, liderados que tiram vantagem da situação, aproximando-se do líder e referendando suas práticas com o intuito de obter alguma vantagem.

A liderança baseada no modelo comando-controle está alicerçada na incapacidade de o líder influenciar e inspirar positivamente seu time e na ausência de engajamento dos liderados, que coloca em xeque a concretização dos objetivos. Esse movimento recíproco estimula um círculo vicioso de falta de confiança, que já vimos ser uma das crenças basais da liderança.

Liderar não é um movimento isolado no tempo e no espaço. Liderar é atuar em perspectiva do presente para o futuro. Plantar agora para colher ali na frente, ajustar o rumo em função do objetivo e da visão proposta. Mas isso requer muita confiança mútua e resiliência, pois a todo momento as demandas do presente tentam desviar a atenção dos líderes. O redemoinho de coisas que acontecem ao redor da liderança é muito tentador, os problemas que surgem no curto prazo, carregados de urgências e prioridades, solicitam o envolvimento de quem exerce a liderança e, sem a devida atenção, podem fazer o projeto visionário sucumbir.

Pois bem, traçado esse contraponto a fim de deixar mais evidente a importância da liderança baseada na inspiração e na influência, vamos tratar dessas duas competências essenciais.

Inspirar um objetivo, uma visão, uma causa é "a" tarefa, de fato. Vamos nos dedicar, portanto, a compreendê-la. Procurarei fazer esse caminho ser o mais simples possível, mesmo que possa parecer complexo demais. Se pensarmos no sentido mais técnico desse verbo, logo associamos inspirar a introduzir ar nos pulmões, o que possibilita a função vital do corpo humano. Numa organização ou equipe, não é diferente. Liderar significa introduzir ar nos pulmões da coletividade.

Que ar e que pulmões são esses?

Estamos falando de motivação, sentido, significado, propósito, causa e/ou missão. Liderar significa compreender o que faz a coletividade manter-se viva, em atividade, o que representa ao grupo um sentido para executar qualquer tarefa relacionada. E, então, injetar esse elemento na dinâmica de relacionamento (pulmões) entre as pessoas do grupo. Os grupos respiram por meio de suas relações interpessoais e, quanto mais cedo o líder perceber essa dinâmica, mais fácil será a sua jornada de liderança.

No Capítulo 2, falamos sobre as relações humanas e como elas importam no exercício da liderança. Quando aproximamos o foco da nossa observação para a liderança inspiradora, precisamos resgatar justamente essa relação.

A inspiração se dá na relação do líder com seus liderados. Deixar-se inspirar por alguém se dá nas relações com esse alguém. O movimento de inspiração, portanto, estabelece um movimento conexo e recíproco.

Ao liderar, sua primeira atenção ou mesmo ação deve ser favorecer e promover bons relacionamentos com seus liderados. Com isso, você injeta ar nos pulmões coletivos do seu time, que uma vez abertos se oxigenam e, portanto, conseguem dar ao corpo (time) condições de processar melhor as mensagens que recebe.

Se pensarmos em uma jornada para tornar-se um líder inspirador, o primeiro passo é inspirar bons relacionamentos e permitir ao time encher-se de ar renovado constantemente para poder absorver novos movimentos. Vamos discorrer mais sobre criar bons ambientes, alguns capítulos adiante.

Uma vez entendido esse primeiro passo, o próximo diz respeito à mensagem que você quer inspirar no time, à semente que você quer plantar no grupo. Essa mensagem deve ser bem preparada. Muitos líderes subestimam o poder da mensagem em si. Pensam que o fato de terem estabelecido boas relações fará com que o time absorva qualquer mensagem. Isso até pode acontecer em alguns momentos. Eu me lembro de uma situação em que tinha que dar uma notícia totalmente em desacordo com as expectativas do grupo, e fui bem-sucedido por conta das boas conexões que tinha. Digo bem-sucedido no sentido de que o grupo absorveu a mensagem, compreendeu o papel de cada um no processo e não quis matar o mensageiro, ou desconectar-se e desengajar-se da causa maior, por conta dessa situação pontual e adversa.

Mas, mesmo nessa situação, o bom relacionamento não foi o único fator de sucesso.

A importância da mensagem é crucial para a inspiração. A pergunta a ser feita aqui é a seguinte: o que exatamente você espera das pessoas – em termos de comportamento – após emitir a sua mensagem? Ter clareza dessa expectativa é importante para avaliar a adequação da mensagem ao público, ao momento, à circunstância. Esse ponto vale para qualquer mensagem que você precisar transmitir, mas é diferenciado quando se trata de uma visão.

A maior responsabilidade do líder em termos de inspiração é a visão. O líder deve inspirar uma visão para que seja compartilhada com o time. Nesse caso, o time deve entender a visão não mais como sendo exclusivamente do líder, mas como parte de todo o grupo. Não se trata mais de comunicar, simplesmente, mas de inspirar uma visão.

Quando você inspira o ar, ele vai até os seus pulmões e passa por um processo de elaboração que distribui oxigênio ao sangue e aos órgãos e termina por transformá-lo em gás carbônico. Este, por sua vez, será expirado do corpo.

Quando o líder inspira uma visão, ela é apropriada pelo grupo em suas relações, o que gera novos comportamentos e vai "contagiando" positivamente demais ações, sentimentos e emoções do grupo. As ações, os comportamentos e as emoções não mais esperados ou úteis são, então, expirados para fora do grupo, que vai adaptando-se aos componentes dessa nova visão.

Da mesma forma como quando o ar é inspirado pelo corpo humano, você não mais separará o ar do corpo; agora, eles se integram e produzem novos elementos e, uma vez inspirado por uma visão, você não mais distingue a visão dos seus comportamentos e das suas ações.

Desse modo, as consequências de uma visão inspiradora estão no campo das ações e dos comportamentos de quem se deixou inspirar. Em vez de mandar fazer, você, como líder, inspira um significado do porquê fazer, e o time internaliza como seu, passando a se comportar como esperado.

Evidentemente, nesse movimento é importante destacar que alguns fatores podem acelerar ou atrasar a assimilação da visão pelo time, assim como alguns fatores biológicos podem afetar a qualidade da respiração pelos pulmões. Todo o conjunto de temas que abordamos ao longo dos quatro primeiros capítulos pode influenciar essa dinâmica. E foi justamente por isso que começamos por eles. A qualidade da comunicação e a consciência e a gestão dos sentimentos e das emoções também, e esse é o motivo de termos tratado deles nos capítulos subsequentes.

Quando falamos de visão, estamos nos referindo a algo à nossa frente, que estamos vendo com nossos olhos da mente. Isso pode significar uma inovação, uma melhoria, uma reorganização, um jeito novo de fazer, enfim. Contudo, sempre nos projeta para a frente porque tem uma dimensão de futuro. Algumas vezes nos referimos a isso usando a expressão "visão de futuro", justamente para cravar essa posição.

Assim sendo, um ponto de extrema relevância está na calibragem desse posicionamento. A visão precisa ser futura, mas alcançável a olho nu, ou seja, posicionada a certa distância que justifique o desafio e o empenho, mas possível de ser capturada e compreendida, sob pena de não cumprir seu papel e não capturar o engajamento e o compromisso. Se a sua visão estiver distante demais, talvez valha a pena estabelecer posições intermediárias, que inclusive podem funcionar como pontos de concentração e reconhecimento intermediários, sustentar ou aumentar o grau de motivação e engajamento do time à medida que esses pontos sejam atingidos. Alguns capítulos à frente, vamos nos aprofundar mais no tema dos resultados.

Ao promover uma visão de futuro, é importante que tenha em mente que o futuro que você visionou precisa ser um "lugar" ou uma condição em que as pessoas queiram estar. Inspirar uma visão para as pessoas do time significa exatamente isto: maior o engajamento quanto maior a vontade de ser/estar.

Um dos exercícios que podem significar um ganho de tempo e energia é colher informações preliminares sobre as expectativas, perspectivas e avaliações das pessoas do time quanto ao tema ou à área em que você pretende atuar. Nesse diagnóstico, muitas informações podem surgir e embasar de maneira mais adequada a forma e o conteúdo com os quais você quer construir sua visão compartilhada com o time.

Aliás, esse é outro ponto importante. A depender das circunstâncias, um movimento que sempre recomendo é a construção da visão compartilhada. Mais efetivo que vender sua ideia é construí-la com o time. Esse movimento também precisa de preparação, no entanto é muito mais poderoso que a simples comunicação.

Lembre-se: as pessoas se conectam com pessoas. Portanto, ao tentar engajá-las em sua visão, na verdade sua intenção é engajá-las em você mesmo, por meio de suas ideias e visões.

Engajar as pessoas em você e com elas construir o "lugar" aonde querem chegar é muito mais poderoso. Para tanto, crie o ambiente adequado, se possível fora do cenário convencional. No ambiente escolhido, coloque estrategicamente mensagens diretas e indiretas de reforço de seus *mindsets* e paradigmas, bem como elementos que representem o time, de forma que as pessoas estabeleçam identificação e conexão, ainda que em ambiente distinto.

O próximo passo será estabelecer o roteiro, o rito. Essa parte é importante para que você não se atropele em função de elementos externos que possam tirar você ou o grupo do foco. Faça seu exercício de trajeto, para poder ter clareza do processo, e tenha mecanismos para resgatar o grupo em direção ao propósito, caso algum fator de distração surja. Mas esse trajeto será apenas referencial. Não há nada mais danoso que chamar o time para construir junto, esperando que eles apenas homologuem a visão do jeito que você pretende. Um exercício de faz de conta nessas horas tem o resultado contrário: aversão e não engajamento.

Ao conduzir o processo de construção da visão, estimule a participação de todos. Algumas pessoas podem não estar familiarizadas com esse tipo de dinâmica, e outra parte do grupo pode desgostar desse tipo de atividade. Esses dois grupos são mais trabalhosos porém cruciais para o sucesso da atividade. Esteja por perto, acompanhe, corrija rotas no início. Quanto menor o engajamento na construção, menor será na execução.

Nesse tipo de atividade é comum notar distração e perda de foco. Tenha aliados na jornada e na busca pela entrega. Estabeleça pontos ao longo do trajeto e mecanismos de vitalização e aceleração de pessoas que possam ter se perdido ao longo do caminho. Resgatá-las e alinhá-las ao grupo é crítico. Quanto menor o senso de pertencimento na construção, menor ainda o engajamento na construção.

Por fim, ao se aproximar do momento em que a visão estará consolidada para o time, mais uma vez verifique se todos estão na mesma página, e então, consolide e institucionalize. Sempre que pude, optei por esse formato. Dá um pouco mais de trabalho, mas a eficiência é muito maior. Raras vezes tive que voltar casas no tabuleiro para explicar para as pessoas para onde estávamos indo ou o que era para ser feito, já que garantia a jornada a cada quilômetro que percorríamos.

Muito bem. Embora tenhamos falado o suficiente acerca desse último ponto, quero deixar ainda mais evidente o papel do compartilhamento da visão. Liderar tem a ver com pessoas, e não com processos. Estes são muito importantes e vamos refletir sobre eles em breve. Mas, se quisermos de fato, enquanto líderes, transformar uma realidade e dar consecução à visão, precisamos que essa visão seja encampada por todas as pessoas do time. Essa tarefa requer muitas habilidades de quem exerce a liderança, principalmente se a visão não segue o roteiro de construção proposto anteriormente.

No ambiente corporativo, muitas vezes os líderes recebem a visão de seus líderes e devem repassá-la aos liderados. Não se trata apenas de vender uma ideia, mas de convencer pessoas a compartilhar dessa ideia, dessa visão. Compartilhar significa ter em conjunto, tomar cada qual para si uma parte do todo – a visão. E esse tomar parte significa responsabilizar-se, por isso a relevância do tema.

As pessoas não se comprometem se não identificarem valor no propósito, na visão. As pessoas não se comprometem se não identificarem uma correlação de seus valores pessoais com os valores do propósito, da visão. As pessoas somente se comprometem a partir do momento em que percebem o significado que há em cada projeto, propósito ou visão.

Esse encontro de significados é o que permite o engajamento. Saber o que importa para quem você lidera é tarefa crucial na liderança. Saber o que as pessoas têm em mente a maior parte do tempo ajuda você a identificar quais gatilhos podem simplificar a jornada do engajamento. Saber o que não interessa de modo algum também pode ajudá-lo a evitar certos gatilhos e comportamentos que atrapalhem no engajamento. Ainda que algumas pessoas pensem que liderança inspiradora é uma arte intuitiva ou um dom, na verdade ela é uma competência, que passa pelos estágios propostos por Noël Burch na década de 1970.

Segundo Burch, ao desenvolvermos uma competência, passamos por quatro estágios. O primeiro deles é chamado de *inconsciente incompetente*. Trata-se de não ter consciência de que não se sabe fazer determinada coisa. Agimos de maneira intuitiva e nos damos mal, pois não temos a técnica ou o conhecimento necessário para determinada tarefa.

O próximo estágio é chamado de *consciente incompetente*. Geralmente a partir das más consequências do primeiro estágio, nos damos conta de que não sabemos praticar aquela tarefa ou habilidade e, portanto, nos dedicamos a aprender mais sobre o tema. Nesse estágio, já não agimos de maneira intuitiva, mas nossa análise ainda não dispõe dos elementos precedentes necessários para que tenhamos sucesso nas intentadas, podendo incorrer em análises incorretas.

O terceiro estágio é chamado de *consciente competente*. Uma vez que nos dedicamos a aprender de maneira técnica o melhor caminho para o desenvolvimento de certa tarefa ou habilidade, nos tornamos competentes – e sabemos que somos – e passamos a executar de forma a obter os melhores resultados. Nesse estágio, a análise se torna afiada, produzindo os *insights* necessários para uma execução de excelência.

O quarto estágio é chamado de *inconsciente competente*. Quanto mais praticamos à luz da boa técnica consciente, mais desligamos o radar e passamos a praticar de maneira intuitiva, mas não se engane ao achar que com isso voltamos ao estágio um, como se fosse um movimento cíclico. A competência em estágio inconsciente competente dá velocidade e amplitude ao atingimento dos resultados esperados.

Assim é a liderança inspiradora. Quando chega ao estágio inconsciente competente, consegue atingir os membros da equipe de maneira fluida, quase natural, provocando o engajamento do time no líder e nas suas visões. E esse estágio se atinge passando pelos estágios anteriores. Portanto, se você está no estágio um, a boa notícia é que a prática leva ao aperfeiçoamento, e este, à excelência.

A partir do momento em que se atinge esse grau de excelência, é possível ao líder desempenhar maior influência sobre seus liderados. Da mesma forma, quero aproveitar e trazer uma referência sobre influência, como forma de acelerar ainda mais o seu potencial de inspiração e, por consequência, a sua liderança. Trata-se de Robert Cialdini.

Autor do *best-seller As armas da persuasão*, o professor emérito da Universidade do Arizona ensina que a influência tem seis princípios que revelam o porquê de as pessoas se deixarem influenciar umas pelas outras.

Vamos lá. O primeiro princípio de Cialdini é o da *reciprocidade*. Segundo o autor, esse princípio baseia-se na ideia de que as pessoas tendem a tratar os outros da mesma forma como são tratadas. Quando alguém nos faz um favor ou oferece algo, sentimos uma obrigação natural de retribuir. No contexto da liderança, esse princípio é poderoso. Ao oferecer valor genuíno aos liderados, você estimula que eles lhe retribuam valor, engajando-se nos seus objetivos.

Como oferecer valor aos liderados? Comece pelo respeito e lidere pelo exemplo. Esses dois posicionamentos serão suficientes para que as pessoas percebam o seu diferencial. Líderes respeitosos e exemplares são rapidamente distinguidos dos demais. Vivemos em uma era marcada pela ganância, pelo relativismo, pelo instrumentalismo. Todas essas marcas destroem valor. Assim, quando alguém lidera com os atributos do respeito e do exemplo, logo conquista seguidores, começando por aqueles que têm maior fibra ética. Ao oferecer esses atributos, as pessoas que você lidera se sentirão no dever de lhe oferecer comprometimento com seus objetivos em troca.

O segundo princípio de Cialdini é o da *escassez*, e ele explora o fato de que as pessoas valorizam mais o que percebem como raro ou exclusivo. Quando algo está disponível em quantidade limitada ou por tempo limitado, nosso desejo por aquilo aumenta. A publicidade utiliza esse princípio com frequência.

No contexto da liderança, você pode praticar esse princípio por meio de ações que promovam o sentimento de exclusividade para conquistar o comprometimento do time. Chamar as pessoas pelo nome, dedicar atenção a conhecer um ponto da história delas, mas algo que realmente lhes importe, vai identificar você como um líder escasso, raro, alguém que as pessoas não vão querer perder e, por isso, vão procurar fazer tudo o que for preciso para satisfazer suas necessidades e garantir sua permanência.

Um ponto aqui é importante: não se restrinja ao seu grupo afetivo. Quanto maior o time, maior o trabalho, pois sua responsabilidade é com todos os membros da equipe. Tudo o que citei como exemplo nesses dois primeiros princípios tem essa chancela. Na liderança, ninguém fica para trás. O verdadeiro líder está sempre buscando influenciar e inspirar todos em seu time.

O terceiro princípio de Cialdini é o da *autoridade*. Esse princípio baseia-se no fato de que a autoridade percebida confere maior credibilidade. Pessoas especialistas ou figuras públicas tendem a ser percebidas como mais confiáveis.

Isso significa que você, no contexto da liderança, deve estabelecer autoridade perante seu grupo. Seu cargo, se eventualmente você o tiver, lhe confere poder. Use com moderação. Autoridade vem de outras fontes, que sejam reconhecidas e valorizadas em seu meio. Algumas dessas fontes podem ser o conhecimento e a experiência no ambiente corporativo, a vocação e a ordem no ambiente religioso, a patente e a condecoração nos ambientes científico e militar, por exemplo.

No campo da liderança, compartilhe conhecimento e pratique o que fala. Nada confere mais autoridade que a admiração e a autenticidade. E nada confere mais admiração e autenticidade do que aquilo que trazemos dentro da nossa jornada. Um líder com conhecimento amplo e que traduz seu conhecimento em ações e comportamentos conquista facilmente a admiração do grupo, e logo esse mesmo grupo reconhecerá sua autoridade.

O quarto princípio de Cialdini é conhecido como princípio da *prova social*. Por sua vez, baseia-se na tendência de as pessoas seguirem o comportamento umas das outras. Se algo é amplamente aceito, é mais provável que outros também o adotem. Desde os filósofos antigos, refletimos sobre a *mimesis* ou imitação.

No contexto da liderança, notadamente a liderança transformacional, os líderes sustentam alto padrão de desempenho, tornando-se referência de excelência para os liderados. Seus feitos o precedem, portanto estabeleça grandes feitos como líder e permita que seu time os acesse. Não se trata de marketing pessoal, ainda que imagem e marca pessoal sejam pontos importantíssimos. Mas, sobretudo, se trata de ser exemplo vivo. Um líder genuíno não deve temer ser exemplo para seu grupo, muito menos se propor a isso antes de praticar aquilo.

O quinto e penúltimo princípio de Cialdini é a *afinidade*. As pessoas preferem trabalhar com aqueles com quem se identificam. O princípio da afinidade envolve criar conexões, estabelecer um ambiente onde todas as pessoas consigam formar laços efetivos umas com as outras.

No contexto de liderança, na maioria das vezes, lideramos times que existiam antes da nossa chegada e, portanto, somos nós os “estranhos no ninho” que precisam criar esses laços de afinidade. Isso pode ser alcançado por meio de atenção plena, escuta ativa e empatia, a base para a construção de relacionamentos genuínos. A identificação de pontos em comum, como valores, costumes ou práticas, estabelece uma conexão que impulsiona o engajamento.

Quanto mais interior o ponto de conexão, maior o engajamento. Um valor em comum engaja mais que um símbolo em comum. Vou dar um exemplo: você tende a construir uma relação de afinidades maior com seu colega de trabalho de outro setor por ambos valorizarem a participação ativa das mulheres no ambiente corporativo (valor) do que com seu vizinho de estação de trabalho por compartilharem o mesmo broche de tempo de casa (símbolo). Na figura a seguir, você pode identificar os elementos de cultura do mais interior (valores e crenças) ao mais exterior (símbolos e ritos).

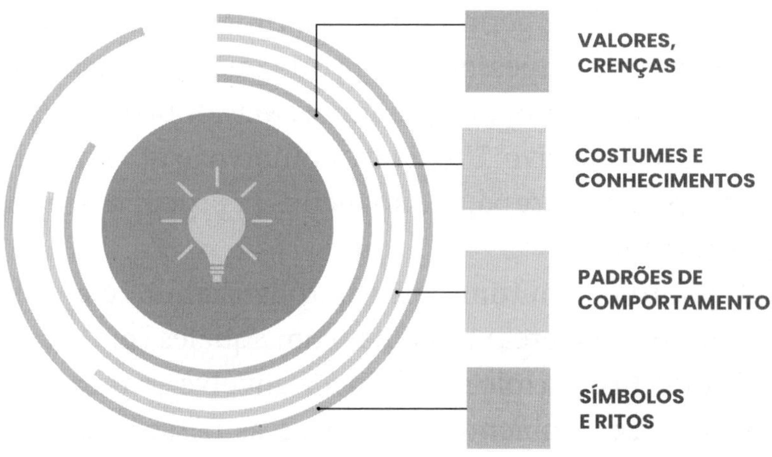

Um ponto importante: criar uma conexão genuína e/ou estabelecer afinidade não significa fazer amizade. Você pode ser próximo de quem está conectado ou tem afinidade no time, ainda que não tenha uma relação de amizade com a pessoa. Muitos líderes e liderados confundem afinidade e conexão com amizade. O líder não precisa ser amigo, nem mesmo ser o bonzinho, para conquistar o engajamento dos seus liderados, nem mesmo pelo princípio da afinidade de Cialdini. A dimensão aqui é a identificação de fatores em comum.

Por fim, mas não menos importante, o sexto princípio se baseia na ideia de que as pessoas desejam manter a *coerência* entre suas decisões e suas ações. Uma vez que alguém se compromete com algo, nos momentos seguintes tenderá a seguir adiante para manter essa consistência. Contudo, isso pode diminuir com o passar do tempo. Esse é um alerta!

No contexto da liderança, você pode aplicar esse princípio estimulando pequenos compromissos iniciais e, em seguida, construir compromissos maiores a partir deles. Pequenos compromissos sugerem pequenas conquistas, e grandes conquistas nada mais são que a soma de pequenas conquistas sequenciadas. Ao estimular pequenos compromissos e atuar na garantia de sua consecução de forma leve e efetiva, você poderá mudar o patamar de comprometimento do time com o plano.

Influenciar alguém a fazer algo que queremos ou a se comportar da maneira como esperamos não é uma tarefa trivial. Uma liderança eficaz combina habilidades de relacionamento interpessoal com estratégias para a plena aplicação dos princípios de influência de maneira combinada e complementar. Ao enfrentar os desafios e aplicar esses princípios, você estará no caminho certo para liderar com sucesso e superar seus objetivos com o time. Mas isso ainda não é tudo.

8. Liderança e gestão

Chegou o momento de estabelecermos alguns limites entre o que é e o que não é liderança. Já trouxe alguns pontos ao longo da jornada, e o primeiro deles é a clareza de que liderança tem relação direta com pessoas e uma visão compartilhada.

Antigamente, a liderança era tida como a arte de influenciar as pessoas. Até aqui, vimos que liderança não é arte, mas habilidade e competência, e que influência é uma de suas características, mas não a única, dando relevo à inspiração e ao compartilhamento de propósito.

Sendo assim, tudo o que não tenha relação com esses elementos não é liderança. Outra coisa, porém, tão importante e necessária quanto, mas não liderança, é a gestão. Nesse sentido, é mister conceituar e relacionar as atividades de gestão, tão importantes para que a liderança aconteça de modo pleno.

Gosto de usar uma analogia que certa vez vi em uma página de internet, mas não achei ao certo quem é o pai ou a mãe da ideia, nem tenho a pretensão de me fazê-lo. A figura a seguir é uma abordagem de complementariedade entre liderança e gestão, como as rodas de uma bicicleta, que a mim e aos meu mentoreados e mentoreadas fez e faz sempre todo sentido.

Nessa analogia, há muitos elementos sobre os quais quero refletir. A bicicleta possui as características de uma bicicleta convencional, ou seja, um quadro, duas rodas de igual tamanho, pedais, duas engrenagens ligadas por uma corrente, um banco, um guidom, que é uma espécie de volante. Essa bicicleta cumpre uma finalidade única de transportar um ser humano de um lugar para outro.

Existem outros modelos de bicicleta, em alguns momentos até vamos fazer algumas relações, mas agora preciso que se concentre nessa que descrevi.

Para que se desloque de um lugar para o outro, a bicicleta precisa que seu mecanismo seja colocado em operação a partir do movimento de carga sobre os pedais, que rodando farão com que as engrenagens ligadas pela corrente se movimentem e, com isso, as rodas produzam o efeito esperado, ou seja, o deslocamento.

Agora quero que concentre a sua atenção nas rodas da bicicleta. Qual é o papel das rodas? Quais são suas características? Como elas funcionam? O que mais podemos depreender delas?

Bem, em nossa bicicleta, temos duas rodas iguais, movidas a partir da carga que se coloca sobre os pedais e que impulsiona as engrenagens. Foi o que vimos até aqui. Mas, justamente por conta disso, há um detalhe que não pode passar despercebido. Apesar de as rodas serem iguais em tamanho, elas cumprem papéis bem diferentes no propósito da bicicleta.

A roda de trás tem seu movimento em uma única direção, se movimenta na direção do instrumento bicicleta, roda nos dois sentidos, para a frente e para trás, mas sempre na direção do quadro, nunca perpendicular a ele. Mais que isso, o movimento da roda de trás é sempre dado em uma função da pressão atribuída aos pedais.

Outro ponto interessante dessa observação é sobre a sua função. A roda de trás é a roda do tempo e do movimento, da cadência, do ritmo. Se você quer acelerar a bicicleta em um terreno plano, precisa impor mais pressão aos pedais para que, como consequência, a bicicleta se movimente mais rápido. Isso dá à roda de trás uma dinâmica funcional, parecida com a de um relógio, que se analógico também funciona a partir das suas engrenagens.

Em função dessas características, associa-se a roda de trás à gestão, uma habilidade funcional de planejar, organizar e coordenar processos e sistemas integrados. Nesse sentido, tem uma relação direta com produção, execução, metas, objetivos e resultados, e mesmo uma visão mais processual relativa a pessoas, como processos administrativos, pode ser comparada a essa roda, uma vez que tem a ver com tempos e movimentos, processos estabelecidos, fluxos e execução de atividades.

A professora Loredana Padurean, em seu livro *The job is easy, people are not* (O trabalho é fácil, as pessoas não), compara muitas dessas atividades com as competências que chamamos de *hard skills* e que ela brilhantemente chama de *sharp skills* – em tradução livre, competências afiadas, para dar o sentido de que essas competências dependem da prática constante para seu aprimoramento; quanto mais você as pratica, mais as deixa polidas.

Voltemos, pois, à bicicleta. A roda da frente, por sua vez, tem características completamente diferentes da roda de trás. Ela confere ao instrumento bicicleta a possibilidade de mudar a direção, e não seguir apenas para a frente ou para trás. É por meio dela que conseguimos dobrar a esquina, contornar uma deformação no piso e mudar o destino em função de qualquer intempérie ou mesmo da própria vontade.

Ainda que a roda da frente não esteja conectada a uma engrenagem, nem presa ao quadro, ela se movimenta de acordo com a direção apontada pelo guidom. Tanto quanto a roda de trás, ela não é um fim em si mesma, mas parte de uma grande composição que tem por objetivo transportar o ser humano que a pilota de um lugar para o outro.

A roda dianteira da bicicleta é associada à liderança, justamente por sua capacidade de direcionar a um novo caminho, de cumprir a missão e mudar o rumo do trajeto, refletindo flexibilidade e propósito. Assim como a roda da frente da bicicleta guia o caminho e permite manobras, a liderança orienta a equipe, estabelece a visão e a direção dos objetivos a serem alcançados, funcionando como uma bússola.

As competências relacionadas à roda da frente, que costumeiramente chamamos de *soft skills*, a professora Loredana chama de *smart skills*, ou seja, competências inteligentes, desenvolvidas de maneira intelectual e intencional, conjugando inteligência emocional com empatia, adaptabilidade, visão estratégica e muito mais. A roda da frente, portanto, está conectada com mudança e inovação, propósito e a dimensão mais humana de nós mesmos.

Como vimos, a gestão é associada à roda traseira, que representa a estabilidade e o suporte cadenciado e necessário para manter o movimento constante e produtivo. A disciplina, os processos e a cadência da roda de trás são os mecanismos que permitem que a visão da liderança seja realizada. A roda traseira, embora não direcione, marca o ritmo da jornada, como um relógio, assim como a gestão trabalha para transformar a visão em resultados tangíveis.

Muito da responsabilidade de transformar a visão em realidade concreta, em resultados, cabe à gestão – aos processos, à técnica, ao método. É ela que assegura o caminho que a liderança decidiu percorrer, que traduz a visão estratégica em tática (ao cadenciar tempos e movimentos). Podemos perceber com isso a complementariedade entre liderança e gestão, assim como as rodas da bicicleta se complementam.

Outros pontos interessantes nessa analogia também merecem destaque. Quero chamar a atenção para o tamanho das rodas. Eu apontei algumas vezes, mas quero sublinhar agora que as rodas da bicicleta que usamos são iguais. Elas têm o mesmo tamanho, e isso serve para registrar que precisamos equilibrar a atenção aos processos e às pessoas. Liderar tem a ver com pessoas, sem dúvida. Mas, para ser um líder incontestável, é preciso ser um exímio gestor. Qualquer das rodas da bicicleta que sobressaia causa uma anomalia no funcionamento do instrumento.

Vamos refletir mais sobre isso. Um indivíduo em posição de responsabilidade sobre pessoas e processos, desprovido das habilidades e competências relacionadas à liderança, pode ser a causa de muitos problemas vivenciados no ambiente corporativo, pois tenderá a concentrar seus esforços na gestão de processos, tratando as pessoas como “recursos humanos”, cuidando simplesmente de alocar atividades e recursos para o bem de seus objetivos. Esse indivíduo pode estar concentrado na gestão tática, cumprindo os comandos que recebeu de seus superiores, mas a falta de atenção ao propósito, com a necessidade de adaptação e mudança, enfim, com as pessoas, poderá causar problemas para a realização dos processos e objetivos que ele mesmo persegue.

Diante do primeiro descompasso de tempos e movimentos, ele adota uma perspectiva de comando mais intensiva, porque precisa recolocar as coisas no trilho, precisa imprimir mais velocidade, como o ciclista de uma bicicleta cuja roda traseira é muito maior que a roda da frente. Ou seja, precisa colocar muito mais energia nos pedais para conseguir fazer com que essa roda complete seu ciclo. Mas, para isso, a roda das pessoas precisará rodar inúmeras vezes e ficará esgotada, cansada, sobrecarregada.

Em um cenário assim, a roda traseira da bicicleta não gira em harmonia com o instrumento de locomoção todo. Esse desajuste na gestão parece com um descompasso no relógio, que, desprovido de uma bússola ou com as pilhas mal calibradas, passa a marcar o tempo de maneira inconstante, trazendo sentimentos e emoções ruins ao próprio indivíduo e àqueles que ele gerencia.

Muitas vezes sem perceber a causa de tais sentimentos e emoções, esse indivíduo começa a tratar as pessoas que gerencia de forma errônea, gerando problemas de clima organizacional, elevados níveis de tensão e ansiedade, situações de crise e assédio.

O inverso também é verdadeiro. Um indivíduo em posição de responsabilidade sobre pessoas e processos, desprovido das habilidades e competências relacionadas à gestão, pode ser ineficiente no atingimento de seu próprio propósito ou dos objetivos e propósitos nos quais está inserido.

Esse indivíduo pode estar concentrado nas atividades de estímulo e geração de significado, mas seu time carece do caminho, da rota tática a perseguir. Talvez em função de sua configuração e seu histórico, não conseguem por si mesmos definir qual é o melhor trajeto que une o início ao fim. E esse papel é do indivíduo que lidera.

Liderar, portanto, não é apenas apontar a visão, o alvo, o propósito; é também direcionar o caminho, mover o guidom da bicicleta quando encontrar um obstáculo à frente, promover as orientações necessárias para que o time consiga executar aquilo que foi proposto.

Sem dúvida, quando se fala de gestão tática ou do caminho, muito já foi escrito. Eu mesmo, em minhas atuações, usei referências importantes como Stephen Covey e Jim Collins. Contudo, nem todo líder tem essas habilidades, e, nesse caso, deve se cercar de pessoas que o auxiliem a implementar uma gestão tática que promova o caminho mais eficiente da visão ao resultado. Mais eficiente também em relação às pessoas, ou seja, aquele caminho que promova e preserve as relações pessoais, o clima organizacional e a saúde integral, uma perspectiva clara de complementariedade entre liderança e gestão.

Voltando à analogia da bicicleta, é importante notar que ambas as rodas precisam uma da outra para que o conjunto – a bicicleta – cumpra seu propósito. O equilíbrio entre esses dois componentes é crucial. E o mais interessante é perceber quem dá o equilíbrio, que não é nem uma nem outra roda.

Quem dá equilíbrio à bicicleta é o ciclista, e aqui cabe outra analogia fantástica. Quem equilibra gestão e liderança é o líder. Quem equaliza o foco entre os processos e as pessoas, entre a produção e a direção, entre o caminho e o objetivo, o presente e o futuro é quem se senta no banco da bicicleta, pedala e maneja o guidom. Na bicicleta, o ciclista usa várias habilidades ao mesmo tempo; pedala, movimenta o corpo, apõe peso e dá direção, tudo isso de maneira coordenada, em harmonia.

Você deve se lembrar de quando aprendeu a andar de bicicleta. O primeiro desafio era dar movimento. Possivelmente você tenha usado uma bicicleta sem pedais, com o objetivo de treinar a capacidade de impulsionar o corpo para a frente e dar alguma habilidade de direção com um guidom com pouca amplitude. Depois, veio o tempo de aprender a lidar com os pedais e a amplitude do volante, mas, para isso, faltava o equilíbrio; então, possivelmente havia rodinhas complementares que ajudavam a manter a bicicleta em pé, ainda que pendendo levemente para a direita ou para a esquerda.

À medida que você dominava esses movimentos e o único desafio era o equilíbrio, vieram os treinos mais desafiadores. Depois vieram alguns tombos e quedas, alguns machucados na intenção de aprender. Mas, quando você menos esperava, notou que estava pedalando e mudando o caminho ou a velocidade, desviando de pedras e virando em esquinas, tudo isso com equilíbrio.

Usamos aqui uma sequência para ilustrar o processo de aprendizagem, mas, de maneira análoga ao que já trouxemos em um dos capítulos anteriores, você passou do estágio da inconsciente incompetência de andar de bicicleta até a inconsciente competência, marcada pelo equilíbrio.

Na liderança também é assim. Muitas vezes e com boa intenção cometemos erros, tropeços e quedas. Eles fazem parte da aprendizagem. Mas, veja bem, é importante demais aprender com eles. Aprender a partir da análise de suas causas e, principalmente, encontrar o equilíbrio.

Eu fiz uma provocação bem expressiva da qual você pode não ter se dado conta algumas linhas atrás. Agora serei mais contundente. Uma liderança incontestável se dá no equilíbrio pleno de gestão e liderança, propósito e execução, pessoas e resultados. Enquanto faltar algo, significa que o treino não acabou, e as competências ainda precisam ser afiadas de modo inteligente.

9. O ambiente produtivo, saudável e seguro

Os líderes, ao pedalarem sua bicicleta de maneira equilibrada, desempenham um papel relevante na formação de ambientes de trabalho que não apenas entregam resultados extraordinários, mas também são *cases* de felicidade, crescimento pessoal e profissional.

Quando o líder estabelece um equilíbrio entre gestão e liderança, ele está focado em suas responsabilidades, mas também sabe que para tanto precisa garantir alguns elementos que darão ao time a segurança de executar o plano para a entrega dos objetivos esperados.

O primeiro passo é o mais remoto e diz respeito ao básico, que é assegurar que o local de trabalho seja produtivo. Isso mesmo: criar, manter e garantir um espaço onde cada membro da equipe possa realizar suas tarefas com eficiência e dignidade, contribuindo para o sucesso coletivo da organização.

Quando os indivíduos são capazes de testemunhar o impacto positivo de seu trabalho, isso não só aumenta a satisfação pessoal, mas também impulsiona a motivação e o engajamento com outros e com os objetivos.

Isso parece básico demais, mas muitos líderes não se dão conta dessa característica de sua gestão, principalmente quando passam muito tempo em um mesmo desafio. É esperado que, com o passar do tempo, nos acostumemos ao ambiente que temos, às condições que temos, e nossa exigência se torne mais flexível, cada vez menos coisas tirem nosso sossego e a quantidade de pontos críticos simplesmente reduza. Quem nunca foi visitar o ambiente de trabalho do colega de empresa e percebeu coisas com "olhar de primeira vez", que quem está imerso naquele ambiente não percebe?

Muitas vezes, negligenciamos esse aspecto estrutural da roda de trás da bicicleta, e quando vemos, o pneu furou ou a corrente quebrou. O tempo de reparo nesses casos pode comprometer o trajeto. Portanto, a atenção primária deve estar nas questões basais, como a real condição de fazer aquilo que precisa ser feito. Nisso contemplamos a eliminação de distrações, de ruídos, de pontos de atrito e fricção.

A depender do tamanho da empresa e da sua condição enquanto líder, pode ser que algumas dessas questões demandem apoio. Seu papel é não submergir diante das intempéries e encontrar os caminhos de fazer acontecer. Vivi momentos de muita restrição e cortes orçamentários, mas sempre fui capaz de perceber quem precisava do essencial para encontrar os caminhos e sair do outro lado.

Após garantir um ambiente produtivo, o próximo nível crucial é cultivar um ambiente de colaboração. Depois dos aspectos essenciais, físicos e estruturais, chegou a hora de falar sobre os aspectos relacionais. Já discutimos em dois capítulos anteriores sobre a importância dos relacionamentos humanos como arena da liderança.

O ponto a destacar neste momento é que as relações não são apenas a arena na liderança, mas seguramente a melhor arena da produção de resultados e da execução de ações de qualquer natureza. Das boas relações surge a colaboração, a troca, o compromisso entre pessoas. Se liderança refere-se a pessoas e se pessoas se engajam primeiro nas outras pessoas e depois nos objetivos e nas visões delas, é fundamental ao líder proporcionar um ambiente onde as pessoas colaborem, e não onde elas entrem em franca competição.

O paradigma da competitividade talvez gere melhores performances no curto prazo, mas, no decorrer do tempo, é extremamente danoso às pessoas. O paradigma da competitividade está alocado na roda de trás, e não na roda da frente. Ele parte de pressupostos equivocados e estimula comportamentos tais quais.

O papel mais adequado ao líder é encorajar relações interpessoais saudáveis e promover um espírito de cooperação e parceria. Ao substituírem a competição interna por uma abordagem colaborativa, os líderes podem fomentar um senso de comunidade e pertencimento, o que é fundamental para o sucesso a longo prazo.

Alguns estudos, inclusive, propõem uma visão intermediária entre esses dois paradigmas, chamado de coopetição, como que manter uma espécie de competição saudável, que não cruze as fronteiras dos valores essenciais do ser humano e proporcione um combustível em proporções adequadas para estimular melhores patamares de produtividade. Eu já vi isso acontecer e pode ser, de fato, uma grande alternativa. O ponto fundamental está nos valores do líder.

Um líder de bases transformacionais faz isso de maneira genuína, promovendo integração e um caráter lúdico ao trabalho, sem afetar as condições psicológicas do time.

O grande ponto da competitividade é que, estimulada a níveis descontrolados, provoca distorções nas relações, incoerências na dinâmica de produção e execução, que podem evoluir para psicopatologias ou até para a somatização de emoções e sentimentos. Grupos muito grandes tendem a ter maior dificuldade em termos de controlar as variáveis que podem conduzir a esse tipo de situação. Ainda assim, estou seguro de que o líder, além de sua responsabilidade direta, tem o adicional de zelar e garantir a segurança e a saúde integral das pessoas que lhe foram confiadas.

Ao invés de estimular comportamentos competitivos, reveja objetivos, reconstrua rotas, reforce a capacitação e as conexões com seu time, como forma de estimular a percepção de significados mútuos, que gerem engajamento mais genuíno e duradouro do que jogos vorazes.

Um tanto desse paradigma vem das lições aprendidas no campo do esporte. Não tem nada de errado nisso, pelo contrário. A única observação a fazer é garantir a devida adequação ao cenário em foco.

Esportistas, principalmente os de alto rendimento, têm uma preparação muito específica, multidisciplinar e focada em momentos específicos das competições. Têm também carreiras mais concentradas, diferentes de líderes corporativos e equipes de trabalho que costumam ser mais longevos. Enfim, tudo é uma questão de ajuste e adaptação aos contextos em que você está inserido.

Isso reforça a importância de promover um equilíbrio saudável entre a vida profissional e a pessoal. Um ambiente de trabalho que promove colaboração e apoia esse equilíbrio contribui significativamente para o bem-estar geral da equipe. Além disso, pode levar a resultados em outras frentes, como a redução do absenteísmo, das doenças relacionadas ao trabalho e dos níveis de estresse, contribuindo para uma força de trabalho mais feliz e mais produtiva.

Atualmente, com tantos estímulos e notificações, se torna um pouco mais desafiador equilibrar os papéis que desempenhamos na vida. O trabalho tende a ocupar cada vez mais espaço e exceder os limites. Movidos por várias circunstâncias, até mesmo inconscientemente, permitimos que esse desequilíbrio se acentue.

No campo da liderança, a partir de certo nível de gestão parece algo intrínseco, como se para liderar você devesse abdicar de todos os demais papéis da sua existência.

Não. Isso não está certo.

Não. Não é fácil resistir e mudar.

Sim. Você deve pensar sobre isso enquanto há tempo.

Quando falamos de equilíbrio, falamos de dar mais atenção às coisas que acontecem em sua vida pessoal. Falamos de não ceder às notificações e aos chamados naqueles momentos em que você está com a família ou consigo mesmo. Falamos de reservar tempo de qualidade na sua agenda para cuidar das coisas que são importantes nos outros campos da vida. Falamos de dedicar prioridade às pessoas que nos importam, enquanto temos qualidade de vida para apreciar esses momentos.

Enquanto líderes, precisamos exercer a liderança pelo exemplo também nessa seara. Muitos dos nossos liderados se comportam copiando nossas atitudes. Muitas pessoas entram nessa onda motivadas pelo que veem em seus gestores e líderes. Portanto, uma mudança de comportamento repercute não apenas em você e nas esferas pessoais da sua vida, mas também em seu time e nas suas relações pessoais.

Nesse mesmo flanco de atuação, os líderes devem estar comprometidos com a saúde integral de seus times. Um ambiente que promove o equilíbrio dos papéis favorece o cuidado com a saúde do corpo e da alma. Promover parcerias e tempo para atividades que estimulem a prática física, que ajudem as pessoas a superar o sedentarismo e tantos outros comportamentos que podem ser nocivos à saúde, traz consequências positivas à produtividade, aos relacionamentos e retroalimentam motivação e comprometimento.

Atualmente, discute-se amplamente sobre saúde emocional. Abordamos no capítulo de inteligência emocional a importância de conhecer e reconhecer sentimentos e emoções e gerenciá-las de modo a contribuir para o estabelecimento de relações de qualidade consigo e com os outros. Nesse sentido, a qualidade das relações no ambiente impacta diretamente a qualidade da saúde emocional das pessoas que ali circulam.

Promover e estimular boas relações, criar momentos para que as pessoas interajam entre si e busquem resolver suas demandas de maneira resolutiva é um bom caminho para que os líderes conquistem ainda mais engajamento do time, ao demonstrar uma preocupação genuína com um tema que geralmente é relegado a segundo plano. Mas, por conta de estarem relegados, são terreno fértil para o surgimento de conflitos, de desgastes que levam à desconexão e à perda das relações, e já vimos que as relações são o meio onde a liderança acontece.

Portanto, a qualidade das relações no ambiente é responsabilidade dos líderes e, se você quer impactar de fato seu time, deve cuidar e promover relações de qualidade em seu ambiente.

Além de proporcionar um ambiente produtivo, colaborativo e saudável, o líder deve garantir que o ambiente seja seguro, para que todos os membros da equipe se sintam confortáveis para expressar suas ideias e preocupações, sem temer possíveis retaliações ou perseguições. Um ambiente que valoriza a segurança psicológica e a liberdade de expressão é essencial para a inovação e a resolução criativa de problemas.

Muitas vezes, líderes e gestores querem resolver problemas crônicos em suas equipes, mas não estão de fato abertos a ouvir, muito menos quando as perspectivas vão de encontro às suas.

Esse é um ponto que exige muita maturidade das partes envolvidas, ainda mais de quem lidera: criar um ambiente seguro onde as pessoas possam tratar questões simples, sem precisar recorrer a canais de denúncia. Mais do que isso, que seja um ambiente onde não se escondam essas situações embaixo do tapete e não acumule sujeira perigosa que em nada contribuirá a não ser para minar o comprometimento e o engajamento.

A equipe é um organismo vivo, como o corpo humano. Da mesma forma como para esse último não se recomenda guardar mágoas e ressentimentos não resolvidos, numa equipe não se recomenda deixar coisas malparadas, que podem explodir depois e criar maiores prejuízos.

Entendo, contudo, que essa é uma decisão que requer preparo e coragem. O caminho é preparar-se. Coragem é um comportamento que vem da segurança, do domínio de determinado campo, e preparo, como vimos na matriz de competência, que nos leva da incompetência à competência, passando por algumas fases.

Ao seguirem esses passos, os líderes podem construir uma cultura organizacional centrada na felicidade e no bem-estar. Uma cultura assim não beneficia apenas os indivíduos, também fortalece a equipe e a organização como um todo. Quando um líder está verdadeiramente comprometido com seus colaboradores e com a criação de um ambiente positivo, a felicidade no local de trabalho deixa de ser um objetivo distante e se torna uma realidade tangível e gratificante para todos os envolvidos.

Confesso que, quando revisei esse último parágrafo, me senti compelido a um comentário adicional. Sinceramente, dos cerca de 25 anos de carreira executiva e das centenas de líderes e gestores de diversas frentes e instituições com os quais convivi, confesso que não vi muitos comprometidos com a felicidade dos seus times. Alguns erroneamente confundem felicidade com superação das metas ou recebimento de prêmios e bônus. Talvez para eles isso faça sentido, mas a arena aqui é a das pessoas, da equipe.

Assim sendo, um bom exercício para um líder que quer atingir um patamar de excelência e deixar um legado incontestável é entender o que significa felicidade para o seu time e o quanto isso lhe importa. Esse pode ser um bom termômetro para medir como as coisas estão acontecendo na vida real.

Como dizem hoje em dia, #ficaadica.

10. Os resultados e a gestão do desempenho

Liderança é a habilidade de inspirar uma visão de futuro, conectar pessoas a essa visão, com o objetivo de transformá-la em realidade. Ou seja, estamos falando que liderança tem a ver com pessoas e liderança também tem a ver com resultados. Como abordei em capítulos anteriores, os resultados são a consequência da liderança, o fruto do caminho, do processo.

Tanto sob a ótica tática, do processo, quanto sob a ótica estratégica, da visão, os resultados têm uma relevância gigantesca. É crucial que o líder saiba – ou tenha junto de si quem saiba – apontar o destino e construir o caminho mais eficiente.

Ao longo da minha trajetória, passei por momentos que hoje considero bem interessantes. Em alguns deles, fomos questionados sobre os resultados, como se devêssemos liderar apenas com a roda da frente da bicicleta. Já vimos no circo aonde isso leva. A questão central aqui não são *os resultados*, mas o *como*. Aliás, quero registrar que a importância do como ficou evidente para mim a partir de uma palestra de Dov Seidman, autor do livro *Como*, que conta com prefácio do ex-presidente americano Bill Clinton e traz uma abordagem completa do tema.

Ainda mais quando falamos que liderança envolve visão e propósito e muitos podem parar no "o que". Não irei, ao longo destas páginas, sugerir um método de como transformar a visão em resultado, porque não existe um método único, nem mesmo este conjunto tem uma pretensão científica. Páginas atrás citei Stephen Covey, da Franklin Covey, que traz uma perspectiva muito interessante – e mais operacional – em *As 4 disciplinas da execução*.

Mas alguns pontos devem marcar estas páginas dedicadas ao processo de transformar visão em resultados. Estamos, portanto, no campo da gestão, na roda de trás. Vamos relembrar que esse campo é marcado pela cadência, pela velocidade.

O primeiro ponto diz respeito aos pontos cardeais desse percurso: a largada e a chegada. No capítulo da visão, falamos sobre a definição do conceito e a importância de definir adequadamente uma visão desafiadora, mas que se possa enxergar onde se está e para onde partir. A visão de ponta a ponta não permite enxergar necessariamente todo o caminho, pois pode haver desafios no relevo do terreno, sendo crucial não desanimar o time com objetivos irreais ou surreais.

Pode acontecer de membros do time, em função de sua "altura" estratégica, não conseguirem enxergar a chegada. Nesses casos, o líder tem um papel fundamental. Quanto mais for referência para as pessoas, mais sua palavra bastará; mas, ainda que seja assim, é fundamental que pelo menos algumas pessoas do time estejam em condição de enxergar e consigam ajudar na sustentação do destino.

Assim como assegura John Kotter, da Harvard Business School, na gestão da mudança é fundamental formar uma poderosa coalizão orientadora. Entendo que, na transformação da visão em resultado, o líder não deve empreender uma jornada solitária, mas capturar o máximo de apoio em todas as fronteiras do time para acelerar o processo de engajamento de todos na execução.

Conhecidos os pontos de partida e chegada, é hora de realizar um bom diagnóstico. Muitos líderes prescindem dessa etapa e já saem executando. Muitos pensam que seu ambiente é tão previsível e conhecido que não é necessário avaliar numa perspectiva mais ampla as potencialidades e os perigos. Em minha trajetória, nunca subestimei o diagnóstico e sempre optei pelo caminho mais simples, da análise SWOT.

Penso que, em ambientes de baixa complexidade, essa ferramenta é suficiente para mapear as condições em que se encontra, as oportunidades e ameaças que tem pela frente e traçar o caminho mais adequado para ligar os dois pontos. Contudo, só isso não é o suficiente. Se fez uma matriz SWOT bem-feita, encontrou oportunidades e ameaças e delineou suas forças e fraquezas, a pergunta é: o que fazer com isso?

Essa pergunta é crucial para que você trace rotas alternativas para quando se deparar com uma das ameaças que identificou e que está concreta diante dos seus olhos. Ela também é fundamental para que você extraia o máximo potencial das suas forças e oportunidades, conquistando diferenciação e atingindo postos mais altos de desempenho.

Portanto, dedique-se a fazer um bom diagnóstico, com o levantamento de dados e informações, com pesquisa em fontes internas e externas, de modo a saber exatamente de onde está partindo e as condições que pode encontrar ao longo da rota, como forma de alcançar a maior eficiência no caminho e a materialização da sua visão. Mas, além disso, explore tudo o que encontrou nessa etapa e surpreenda-se com o seu potencial instalado.

Mais uma vez, liderança tem a ver com pessoas. Estamos trabalhando na dimensão da gestão da atuação de um líder, que precisa dessas pessoas para a construção dos seus resultados. Estamos envolvidos na preparação da análise do cenário que permitirá a definição da rota mais eficiente. Uma vez definidos os pontos de partida e chegada, uma vez construída uma poderosa coalisão orientadora, uma vez realizado o diagnóstico completo, é hora de definir o plano de ação, a rota tática em si.

Ao longo da minha trajetória, vivi momentos em que executei o plano de ação que recebi e momentos em que formulei o plano de ação juntamente com o time. Dessas experiências, assim como recomendei na visão, o melhor é construir o plano de maneira coletiva e participativa, seguindo o mesmo passo a passo recomendado no capítulo anterior.

Ao participar da construção do plano, o time não se engaja, mas se compromete com a sua execução, porque estabelece de maneira mais rápida e clara a conexão entre as ações e os objetivos.

Para a definição do caminho, é preciso atentar-se para alguns elementos que farão toda a diferença na dinâmica da execução. Eu gosto de fazer um paralelo com os objetivos (ou metas) SMART, que vêm da formação de um acróstico em inglês das palavras Específico, Mensurável, Atingível,

Realizável e Temporal. Assim como os objetivos, o plano de ação deve materializar essa perspectiva.

Construa com seu time um plano de ação claro e objetivo, com ações específicas, bem delimitadas, com responsáveis atribuídos, ações que guardem conexão com a realidade e o diagnóstico, que contemplem as forças e oportunidades e vençam as fraquezas, mas também ações estocadas para enfrentar potenciais ameaças.

Além de posicionar os responsáveis, é sempre importante determinar uma segunda linha de atuação, composta de pessoas que contribuam e atestem a realização das ações de acordo com a temporalidade prevista, de forma a não descobrir que determinada ação não está sendo executada quando for tarde demais.

Contudo, usando um pouco da roda da frente, cuide de verificar como esse acompanhamento acontecerá, a fim de garantir alinhamento ao propósito e permitir que o clima e as relações sejam preservados. O papel do líder não termina ao designar responsabilidades; segue em dar orientação e condições para que essas responsabilidades sejam desempenhadas de maneira adequada.

Essa pode ser uma das formas que você usará para definir seu plano de ação, mas não será a única.

Um dos pontos com os quais você poderá se deparar enquanto líder é a efetiva competência de seu time em executar o plano de ação. Esse também costuma ser um dos pontos mais negligenciados pelos líderes quando o assunto é resultado. Eles têm imensa clareza de aonde querem chegar, constroem um caminho realmente efetivo, mas não se dão conta da competência instalada, da habilidade de realizar. Não podemos deixar de considerar que os times são organismos vivos. Pessoas chegam e se vão, serviços e produtos entram e saem do portfólio, novas formas de fazer e tecnologias inovadoras são acrescentadas, e tudo isso pode significar um completo novo ponto de partida.

Muitas vezes, pode-se pensar que as pessoas não querem fazer, e talvez até algumas delas não queiram mesmo! Mas muitas vezes também elas não sabem como fazer ou não sabem mais fazer. Quando comecei minha jornada profissional no banco, trabalhei em agência. Fico imaginando se hoje voltasse a atuar nessa frente, o quanto precisaria atualizar meus conhecimentos operacionais em função de tantos aperfeiçoamentos introduzidos, muitos dos quais eu mesmo liderei.

A competência é o alicerce da performance extraordinária. Ela abrange tanto as habilidades técnicas quanto as habilidades interpessoais. Vamos explorar cada aspecto. A competência técnica envolve o conhecimento profundo em uma área específica. É a capacidade de aplicar esse conhecimento de maneira eficaz.

Imagine um engenheiro que compreende os princípios da física e da matemática, mas também sabe como projetar uma ponte segura. Essa combinação de teoria e aplicação é fundamental para alcançar resultados excepcionais.

Nunca menospreze o poder do conhecimento. Sem conhecimento não há habilidade. Como líder, esteja comprometido com a evolução constante, com o aprendizado contínuo ao longo de toda a vida, seu em primeiro lugar, e do seu time como consequência.

Ninguém oferece aquilo que não tem ou que não valoriza. Comece pelo hábito de se atualizar constantemente e garanta isso ao seu time. Você pode até achar que isso é responsabilidade da corporação, da empresa. De fato, é responsabilidade corporativa prover competências de modo mais abrangente, mas ninguém conhece as necessidades do seu time melhor que você; mesmo a inteligência artificial precisará da sua complementação para chegar à resposta mais efetiva para cada problema.

Além das habilidades técnicas, as habilidades comportamentais são igualmente importantes. Isso inclui a capacidade de se comunicar, resolver conflitos, liderar equipes e adaptar-se a diferentes situações. Um líder competente não apenas domina a sua área de especialização, mas também inspira desenvolvimento comportamental para sua equipe.

Muito bem. Uma vez definido o plano de ação, é hora de comunicá-lo ao time. Essa comunicação deve ser preparada com antecedência e ser certeira. Deve levar em conta todos os elementos que vimos até aqui para que proporcione os efeitos esperados. As pessoas têm ânsia de participar, querem se comprometer, querem vencer, tenha isso como premissa. Você, como líder, precisará apenas encontrar a forma certa para sensibilizar e despertar os gatilhos adequados para transformar essa ânsia em efetivo comportamento.

Sendo assim, cuide da comunicação como um todo: material, discurso, pessoas envolvidas, as pessoas que com você formam a coalizão pró-engajamento. Cuide dos detalhes, porque é neles que você conquistará as pessoas, é neles que elas perceberão o quanto você as valoriza e lhes dá atenção.

Atente-se ainda aos seus paradigmas e *mindsets*. Cuide para não dizer ao time que estão diante de um objetivo que você acha difícil ou impossível, para não passar de maneira não verbal uma mensagem diferente daquela que você está comunicando verbalmente. Deixe claro que o caminho contempla plano B e rotas de exceção, bem como respeita as peculiaridades do time.

Nesse momento, é fundamental lembrar que você, líder, está pedalando a bicicleta com as mãos no guidom, está dando o caminho e a velocidade e precisa marcar de maneira muito clara seu apreço por todas as partes envolvidas, sua responsabilidade em entregar o que está em sua cota-parte, mas também seu reconhecimento do papel de cada membro do time nessa jornada de execução.

Esse momento é tão rico e tão especial, que nele deve ser promovido outro ponto crucial para o engajamento do seu time na sua visão. Estou falando sobre *você*, enquanto líder, promover uma verdadeira conexão entre as pessoas. Feito isso, o resultado vem com conexão. Talvez pensássemos que devêssemos conectar as pessoas à nossa visão; de certa forma sim, mas devemos fazer isso conectando-as conosco. Lembre-se: pessoas se ligam a pessoas, depois aos objetivos delas.

Dessa forma, é fundamental que você cuide do seu comportamento e das suas ações. Esse conjunto precisa estar em sintonia com a sua visão. O ponto de transição entre a conexão com você e a conexão com os seus objetivos é justamente a captura do significado no qual sua visão está estabelecida. Somos seres racionais, *Homo sapiens*, e não nos contentamos com a ordem ou o comando; já vimos que esse modelo não funciona e não se sustenta. Precisamos efetivamente compreender o significado, o porquê.

Ouvi isso durante todo meu período de formação executiva, quando estava na transição da gerência intermediária para a alta gestão. "Vocês precisam gerar significado." Palavra simples, mas bem interessante. Significado é o sentido que cada coisa tem para cada ser humano. Talvez o ponto crucial para mim tenha sido perceber que meu papel não era "gerar significado", mas ajudar as pessoas que eu liderava a perceberem o significado que tais conteúdos tinham para elas mesmas.

O que algo significa para mim não é necessariamente o mesmo que significa para o outro. E antes de tentar, sem sucesso, impor o meu significado, precisei descobrir que era fundamental auxiliar as pessoas a descobrirem qual significado os resultados – nosso tema deste capítulo – tinham para elas, e então promover alguma influência no sentido de buscar um significado novo, ajustado. Só aí se estabelecia a conexão.

A conexão é o fio invisível que une as pessoas e suas ações. Vamos explorar a razão pela qual ela é tão crucial. Quando nos conectamos com o propósito do nosso trabalho, ele deixa de ser uma mera tarefa e se transforma em uma missão.

Imagine um médico que compreende que seu papel vai além de prescrever medicamentos; ele está ali para aliviar o sofrimento e salvar vidas. Essa conexão com o significado mais amplo impulsiona a dedicação e a paixão.

A conexão também se manifesta nas relações interpessoais. Quando nos preocupamos com nossos colegas, quando ouvimos suas histórias e compartilhamos experiências, criamos laços que vão além do aspecto profissional. Essa conexão fortalece a colaboração, a confiança e a resiliência da equipe.

E, mais uma vez, não querendo ser repetitivo, é fundamental estar atento a paradigmas, valores, histórico e padrões de comunicação. Tudo isso interfere nesse processo. E sem esse processo, você terá menos sucesso. Poderá até atingir seu objetivo, sua meta, mas ainda não estará em seu ponto de plenitude e excelência.

Por fim, mas não menos importante, devemos destacar o papel do compromisso, que é a vontade de fazer, a vontade de executar o que está no plano de ação. Ledo engano achar que apenas o compromisso entrega a execução, acreditar que realizar aquelas reuniões messiânicas ou ufanistas com movimentos emocionais resolverão a execução.

A execução só vem com competência e conexão. Ponto-final.

O compromisso com a execução é a força motriz que transforma intenções em ações concretas. O compromisso é a vontade genuína de fazer acontecer. É a energia que nos impulsiona a superar obstáculos. Imagine um empreendedor que enfrenta desafios financeiros, mas continua acreditando em sua visão e trabalhando incansavelmente para alcançá-la. Esse compromisso é o que o mantém firme, mesmo quando o caminho é árduo.

Contudo, esse mesmo empreendedor só continua em seu caminho árduo porque já faz o que precisava ser feito de maneira competente e inconsciente (quarto estágio de Burch) e porque entende o significado de fazer. Portanto, para chegar a essa etapa, é fundamental garantir as duas anteriores.

Competência (saber fazer) + Conexão (significado de fazer) + Compromisso (vontade de fazer).

Como líder, queimar as etapas precedentes fará você pedalar uma bicicleta sem corrente. Imagine-se fazendo isso!

Você se cansará, mas a bicicleta não sairá do lugar, pois você colocará energia no instrumento, e ele não estará pronto para entregar o que pode a você ou a quem quer que o pedale.

Não tenho como deixar de reforçar um dos sete hábitos das pessoas altamente eficazes, de Stephen Covey, em livro homônimo. Cuide de afiar seu instrumento. Não pedale uma bicicleta sem corrente, não dirija um carro sem gasolina, não digite em um computador sem teclado. Cuide para ter seu instrumento afiado. Cuide de cumprir a sequência com a qual você afia seu instrumento.

Vale ressaltar que o compromisso é individual; mas, em termos de liderança, ele é principalmente coletivo, colaborativo. O líder, ao cultivar o compromisso em sua equipe, cria um ambiente propício para o florescimento da performance extraordinária. Quando todos se sentem responsáveis pelo sucesso do grupo, os resultados se tornam mais tangíveis e duradouros, mais extraordinários, e atingem patamares nunca antes vistos. Até mesmo o melhor dos líderes poderá não ter previsto algo tão robusto e que, mesmo depois de uma eventual partida sua, se perpetua na forma de legado.

A busca pela excelência não é apenas uma questão de números e metas. Ela está intrinsecamente ligada às pessoas, à sua capacidade de aprender, à sua paixão pelo que fazem e à sua determinação para superar desafios. Como líderes, temos a responsabilidade de nutrir esses pilares em nós mesmos e em nossa equipe, para que juntos alcancemos resultados que vão além do ordinário.

11. Concluímos que liderança tem a ver com pessoas

Enfim, concluímos que liderança tem a ver com pessoas. Essa frase foi repetida diversas vezes ao longo dessas páginas, mas qual o contexto dela ao final dessa jornada?

Iniciei este livro contando minha trajetória de liderança, desde os seus primeiros esboços, e de fato retratei nessa frase algo que aprendi desde cedo. Se você quer liderar, desenvolva essa habilidade, treine até que ela se torne uma prática competente, que atenda ao seu propósito; porém, de modo inconsciente, que você não precise se preocupar em controlar se está liderando adequadamente ou não. Esse estágio se atinge no momento em que se entende que liderar é partir do pressuposto de que as pessoas estão no centro de tudo.

Um líder com as pessoas no centro significa um líder eficaz e inclusivo. Um líder que cria visões, compartilha e engaja o time na realização e na concretização dessas visões e que faz isso de forma que o time perceba e valide muito claramente.

Costumo usar como figura de linguagem para contextualizar liderança a palavra *outorga*. Liderança é uma outorga que se recebe do time. A outorga é um direito, é algo que lhe pertence de forma transitória, e, para fazer jus a ela, você tem que manter a qualidade do serviço, da liderança. Aliás, outra boa expressão.

Liderança é serviço, o resto é gestão. Liderança é reciprocidade com centro nas pessoas. Ou seja, primeiro você faz enquanto líder; depois, o grupo se compromete e se engaja. Na ordem inversa, é comando-controle.

Outra figura extremamente pertinente para liderança é comunidade. Ao liderar, você não tem mais uma equipe ou um time. Você tem uma comunidade. Um grupo de pessoas com uma unidade a partir de algo em comum. Frederic Laloux, em *Reinventando organizações*, propõe o conceito de que nos juntamos como comunidade para preencher uma necessidade humana e atualizar nossas vidas. Liderar é isso.

No momento em que estamos envolvidos e engajados em um propósito, entendemos que nosso papel é responder a uma necessidade humana, é dar um comando de atualização em nossas próprias existências para uma versão sempre melhor.

Como diz Brené Brown em uma de suas obras, líder é uma pessoa que assume a responsabilidade de encontrar o potencial em pessoas e tem a coragem de desenvolver esse potencial. Note que, juntando os dois conceitos, líder de uma comunidade é aquele que assume o propósito de responder corajosamente à necessidade de desenvolver o potencial das pessoas que lidera.

Ao olhar para os membros da sua equipe, é imperativo que um líder promova uma gestão que abrace a inclusão de todas as pessoas, sem exceção, para desenvolver seu potencial e construir uma verdadeira comunidade. Isso significa reconhecer e valorizar cada pessoa em sua essência, respeitando a diversidade, a equidade e a inclusão em todas as suas formas e implementando práticas que sustentem esses pilares. Liderança e diversidade ainda serão temas de outra obra que escreverei.

Frequentemente, existem membros do time que, por diversas razões, podem sentir-se desconectados ou marginalizados. Essa desconexão pode ser consciente ou inconsciente, mas o resultado é o mesmo: uma parte valiosa do nosso coletivo está abandonada. Como líderes, devemos ter um compromisso contínuo de não apenas evitar a exclusão, mas também lembrar e reintegrar aqueles que estão à margem.

É interessante notar que diversas vezes, em minha atuação executiva e como mentor e professor, eu fui questionado sobre os limites dessa busca ativa pela integração de todos. Já afirmei aqui: "na liderança, ninguém fica para trás". Isso implica que essa busca ativa é para sempre. Mesmo que não sejamos nós a colher os frutos da recuperação, é nosso dever como líderes, respeitando o tempo e o espaço do outro, não abandonar e buscar.

A empatia e a escuta ativa, nesse processo, demostram um interesse genuíno nas histórias e experiências dessas pessoas e têm o poder de estabelecer verdadeiras conexões, centradas em objetivos e significados compartilhados, criando um senso de pertencimento que transcenda eventuais diferenças superficiais.

Além disso, os líderes devem ser proativos na identificação de barreiras à inclusão das pessoas dentro de suas equipes e no trabalho para derrubá-las. Isso pode envolver a criação de programas de mentoria, a promoção de diálogos abertos e a implementação de ações corajosas que garantam igualdade de oportunidades para todos.

Em suma, a liderança é mais do que um conceito; é uma prática contínua que requer dedicação, intenção e ação. Ao adotarem essa abordagem, os líderes podem criar ambientes onde todos se sintam valorizados e a diversidade de pensamentos e ações seja vista como um ativo, não como um obstáculo. É assim que construímos equipes e, por sua vez, organizações mais fortes, mais resilientes e mais inovadoras. Equipes que se tornarão comunidades. Organizações que estarão prontas para a era exponencial. É assim que preparamos o caminho para um futuro em que todos poderão prosperar.

Ninguém se compromete nem se engaja em algo que não compreende, que não compartilha. As pessoas se engajam primeiro nas pessoas, depois nas suas ideias, visões e projetos. As pessoas não têm tempo nem vontade de fazer só por fazer. Elas clamam por entender o porquê das coisas, seu real significado. Pode até parecer clichê, mas as pessoas anseiam por compreender os significados a partir dos seus próprios mecanismos.

Como vimos ao longo da jornada, a capacidade de traduzir significados para as pessoas é uma das competências mais requeridas dos líderes de hoje. Engajar o time por meio do significado requer repertório e instrumento. Uma pessoa "comum", que nunca pegou um instrumento musical nas mãos, não entra no palco, posiciona-se no tablado de maestro da orquestra sinfônica do Teatro Municipal e começa a reger uma sinfonia, lendo a partitura como se fosse sua linguagem coloquial. Isso requer aprendizado (conhecimento), técnica (habilidade) e empenho (atitude). Aliás, para reger uma orquestra, é preciso ter tudo isso em um estágio avançado de desenvolvimento.

Com o líder, é bem parecido. É preciso conhecer o assunto, praticá-lo, demonstrar credibilidade e respeito. Com esse conjunto de competências, o ser humano, que é um gestor ou um chefe, consegue ir mudando o posicionamento e evoluir para ser reconhecido como líder pelos seus, e receber a outorga. Dizendo o mesmo de uma forma diferente: mostrar pelas suas atitudes o que você gostaria de dizer, ajudando as pessoas a compreenderem o sentido do que tem que ser feito, para que se conectem a você e tenham vontade de fazê-lo.

Para de fato concluirmos que liderança tem a ver com pessoas, quero deixar algumas perguntas para sua reflexão, enquanto agradeço o tempo que dedicou à leitura.

- Qual é o potencial das pessoas do seu time que você está focado em desenvolver?
- Seu time já é uma comunidade ou ainda é uma equipe ou um simples agrupamento de indivíduos? Qual é seu plano real para essa transformação?
- O que significa felicidade para as pessoas que compõem o seu time? Quão perto ou quão distante elas estão de alcançar esse "lugar"?

Se liderança tem a ver com pessoas e o centro da liderança é o liderado, são as suas atitudes como líder que fortalecerão o engajamento por um tempo duradouro, entregarão resultados extraordinários e promoverão um legado inquestionável. Agora é com você!

Referências bibliográficas

BROWN, Brené. *A coragem para liderar*: trabalho duro, conversas difíceis, corações plenos. Santana de Parnaíba: BestSeller: 2019.

BUCKINGHAM, Marcus & CLIFTON, Donald. *Descubra seus pontos fortes*. Rio de Janeiro: Sextante, 2006.

CALAZANS, Patrícia. *A jornada dos heróis*: 50 exercícios para construir histórias e narrativas inspiradoras. São Paulo: Matrix, 2020.

CIALDINI, Robert. *As armas da persuasão*: como influenciar e não se deixar influenciar. Rio de Janeiro: Sextante, 2012.

COLLINS, Jim & HANSEN, Mortem. *Vencedoras por opção*. Rio de Janeiro: Alta Books, 2018.

COVEY, Stephen. *A velocidade da confiança*: o elemento que faz toda a diferença. Rio de Janeiro: Alta Books, 2017.

DWECK, Carol. *Mindset*: a nova psicologia do sucesso. Rio de Janeiro: Objetiva, 2006.

GOLEMAN, Daniel. *Inteligência emocional*: a teoria revolucionária que redefine o que é ser inteligente. Rio de Janeiro: Objetiva, 1996.

GOLEMAN, Daniel. *Liderança*: a inteligência emocional na formação do líder de sucesso. Rio de Janeiro: Objetiva, 2015.

KOTTER, John. *Liderando mudanças*: transformando empresas com a força das emoções. Rio de Janeiro: Alta Books, 2017.

LALOUX, Frederic. *Reinventando as organizações*. Osasco: Voo, 2017.

MCCHESNEY, Chris *et al*. *As 4 disciplinas da execução*. Rio de Janeiro: Alta Books, 2017.

NUNES, André. *Diferença entre gestão e liderança*. 10 mar. 2020. Disponível em: https://www.linkedin.com/pulse/diferença-entre-gestão-e-liderança-andré-nunes/. Acesso em: 11 out. 2024.

PADUREAN, Loredana. *The Job is Easy, People are Not*. Kuala Lumpur: Start, 2022.

ROYAL, Mark & AGNEW, Tom. *O inimigo do engajamento profissional*. Rio de Janeiro: Campus, 2012.

SEIDMAN, Dov. *Como*: por que o como fazer algo significa tudo. São Paulo: DVS, 2011.

Agradecimentos

Percorri essa jornada ao lado de pessoas especiais, às quais sou imensamente grato.

Ao Robson, meu marido, com quem multiplico minha vida há mais de quinze anos, por todo incentivo e apoio que me trouxeram até aqui e pelo muito que temos pela frente, juntos. Aos meus familiares, pessoas amadas que estão na base da minha formação, minha mãe Durvalina e minha irmã Maria Helena em especial.

Aos meus amigos e amigas, dos quais aqui destaco Vanessa e Fabricio, que têm um papel muito importante nessa e em tantas conquistas humanas. Ao amigo Marcial, pela oportunidade e a porta aberta para que aquilo que penso e vivo em minha liderança possa alcançar o mundo.

À família Chroma, mentoreados e alunos, professores e parceiros, pela crença inequívoca nesse riquíssimo caminho coletivo de desenvolvimentos de líderes para construirmos novos lugares em nossos próprios lugares, onde todos possam se desenvolver, conquistar, vencer e ser felizes.

Aos meus mestres com os quais sigo em contínua aprendizagem, dentre os quais destaco os professores Cláudio Queiroz, Izabela Mioto, Fernando Serra e David Robertson. À professora Loredana Padurean, agradeço a reflexão que me fez navegar até a essência desta obra e refleti-la no título, além do generoso prefácio, que muito me honra.